职业教育『双高』建设与管理

——基于『重电』双高计划建设经验

聂　强　龚小勇　代才莉　马率帅　著

重庆大学出版社

图书在版编目(CIP)数据

职业教育"双高"建设与管理:基于"重电"双高
计划建设经验 / 聂强等著. -- 重庆:重庆大学出版社,
2024.11. -- ISBN 978-7-5689-5034-3

Ⅰ. G718.5

中国国家版本馆 CIP 数据核字第 20242LT448 号

职业教育"双高"建设与管理
——基于"重电"双高计划建设经验

ZHIYE JIAOYU "SHUANGGAO" JIANSHE YU GUANLI
——JIYU "CHONGDIAN" SHUANGGAO JIHUA JIANSHE JINGYAN

聂 强 龚小勇 代才莉 马率帅 著

策划编辑:鲁 黎

责任编辑:杨育彪 版式设计:鲁 黎
责任校对:谢 芳 责任印制:张 策

*

重庆大学出版社出版发行
出版人:陈晓阳
社址:重庆市沙坪坝区大学城西路 21 号
邮编:401331
电话:(023)88617190 88617185(中小学)
传真:(023)88617186 88617166
网址:http://www.cqup.com.cn
邮箱:fxk@ cqup.com.cn(营销中心)
全国新华书店经销
重庆新生代彩印技术有限公司印刷

*

开本:787mm×1092mm 1/16 印张:11.5 字数:230 千
2024 年 11 月第 1 版 2024 年 11 月第 1 次印刷
ISBN 978-7-5689-5034-3 定价:48.00 元

　　本书系 2022 年度重庆市教育科学规划重点课题"'双高'院校建设绩效和经验研究"(项目编号:K22YC309052)、2022 年度中国高等教育学会高等教育科学研究规划课题"高质量发展背景下的'双高计划'建设院校绩效评价研究"(项目编号:22GDZY0230)、重庆市社会科学规划项目"职业教育高质量发展绩效评价体系研究与应用"(项目编号:2024YC010)阶段性研究成果。

编委会

主　任：聂　强　龚小勇

副主任：代才莉　廖金权

委　员：胡　幻　吴俊霖　马率帅
　　　　施照晖　柯淑敏

PREFACE 前 言

2019年2月，国务院在《国家职业教育改革实施方案》中指出，"职业教育与普通教育是两种不同教育类型，具有同等重要地位。"2019年3月，《教育部 财政部关于实施中国特色高水平高职学校和专业建设计划的意见》（该计划简称"双高计划"）明确提出，"集中力量建设一批引领改革、支撑发展、中国特色、世界水平的高职学校和专业群"，并于同年12月公布了56所高职学校为高水平高职学校建设单位，141所高职学校为高水平专业群建设单位。"双高计划"是教育部与财政部落实《国家职业教育改革实施方案》的重要举措，旨在引领新时代职业教育实现高质量发展。

重庆电子科技职业大学（原重庆电子工程职业学院）作为首批"双高计划"高水平学校建设单位（B档），始终坚持以习近平新时代中国特色社会主义思想为指导，全面学习贯彻党的十九大精神、党的二十大精神以及习近平总书记关于教育的重要论述和对职业教育工作重要指示精神，不断深化改革、突破发展瓶颈，服务教育强国建设，奋力向引领改革、支撑发展、中国特色、世界水平的高等职业院校迈进。五年以来，学校在引领职业教育改革、人才培养、服务国家战略和地方经济社会发展等方面形成了"双高计划"系列的建设成果与管理经验。

为了进一步加强"双高计划"建设与管理，推广职业教育改革经验，重庆电子科技职业大学政策发展研究与双高建设工作组办公室编委会总结学校2019—2023年以来的"双高计划"建设成果与管理经验，撰写成书，力图为中国职业教育改革发展提供"重电"智慧。

本书共分六章，分别涉及"双高计划"的"总体概述""内容构建""绩效评价""过程管理""典型案例""思考与展望"等内容。全书由重庆电子科技职业大学党委副书记、校长聂强，党委副书记龚小勇统筹主持，双高办全体人员参与编写，全校同仁协同完成。具体分工负责如下：第一章：马率帅；第二章：代才莉、吴俊霖、施照晖；第三章：马率帅、施照晖；第四章：廖金权、胡幻；第五章：马率帅；第六章：代才莉、施照晖。全书由代才莉与马率帅统稿，张永、柯淑敏等也对全书的文献收集、整理和统稿校对作了贡献。

本书在编写过程中得到学院校领导、各二级学院及职能部门的大力支持与供稿；本书在编写过程中参考和引用了学校有关师生的案例、论文等成果，因篇幅有限，书中未能一一说明，在此一并表示诚挚的感谢！

作为总结"双高计划"建设与管理的专著，本书是对2019—2023年重庆电子科技职业大学"双高计划"建设与管理经验的整理和归纳，对职业院校的"双高计划"建设的工作人员和研究人员等具有重要的参考价值。由于本书涉及项目广泛、内容丰富、汇编难度较大，限于编者水平，难免存在不足之处，恳请广大读者批评指正。

编　者

2024年4月

CONTENTS 目 录

第一章 “双高计划”总体概述

职业教育作为我国高等教育体系的重要组成部分，承担着为国家培养各类技术技能人才的使命，对实现中国式现代化具有不可替代的价值与意义。高等职业教育是我国职业教育体系中的高层次教育，肩负着为国家经济社会建设与发展培养高素质人才的重任。长期以来，国家相继出台系列政策助力高职教育的发展。2006年，《教育部 财政部关于实施国家示范性高等职业院校建设计划 加快高等职业教育改革与发展的意见》正式启动了国家示范性高职院校建设计划，2010年，《教育部 财政部关于确定“国家示范性高等职业院校建设计划”骨干高职院校立项建设单位通知》公布了100所“国家示范性高等职业院校建设计划”骨干高职院校立项名单。2019年3月，《教育部 财政部关于实施中国特色高水平高职学校和专业建设计划的意见》发布，简称“双高计划”。2019年7月，《教育部关于公布〈高等职业教育创新发展行动计划（2015—2018年）〉项目认定结果的通知》确定了200所优质专科高等职业院校。示范校（骨干校）、优质校的遴选为“双高计划”的出台奠定了基础。“双高计划”的出台，既是落实国家关于职业教育与普通教育“具有同等重要地位”定位的具体体现，又为我国高等职业教育高质量发展提供了平台。

第一节 “双高计划”的建设背景

20世纪90年代，我国高等职业教育迎来飞跃发展的契机。短短的三十余年，高等职业教育为我国的社会主义现代化建设培养了一大批人才，为我国的社会主义事业作出了重要贡献。特别是新时代以来，高等职业教育面临着诸多历史机遇，国家不断推动高等职业教育的发展。

首先是国家层面。高等职业教育与国家发展战略紧密联系，我国正处于从"制造大国"向"制造强国"的转型期，这对高等职业教育的人才培养模式提出了新的要求，高职院校将在国家现代化建设与地方经济社会发展中扮演重要角色。

其次是高职教育层面。三十年来，高等职业教育在不断发展过程中遇到了诸多问题，不断深化职业教育改革对高职院校的发展有了新的要求。特别是在学校治理体系、人才培养模式、专业建设、科研与社会服务、产教融合等方面，国家出台了相关政策以推动职业教育改革，为职业院校的发展提供了重要平台，总体上促进了职业教育的高质量发展。

最后是新环境层面。新的历史时期，高职教育面临新的要求和新的考验。从历史上的几轮科技革命来看，当前全球正处于"数字革命"的重要阶段，特别是随着互联网、大数据、云计算、人工智能、区块链等信息化、数字化技术的兴起，数字化作为新一轮技术革命、产业革命的核心要素，以"智能+技能"为主的"数字技能"在国家战略计划中发挥重要作用。"数字革命"的兴起将会颠覆许多传统职业教育的专业发展。针对这样的新环境，高职院校必须依托新型产业技术实现职业教育的转型与改革升级，促进产教融合的深度发展，从而适应国家经济社会新环境。

一、历史背景

从职业教育历史的发展脉络来看，当前还有诸多高职院校尚未构建自身的现代职业教育治理体系，其管理模式、人才培养模式与专业建设等方面还存在诸多问题，国家需要推动职业教育改革来适应新的历史趋势。

21世纪以来，我国高等职业教育实现了跨越式的发展，国家出台了系列重要计划推动职业教育发展。2006年，《教育部 财政部关于实施国家示范性高等职业院校建设计划 加快高等职业教育改革与发展的意见》标志着国家示范性高职院校建设计划正式启动。其目标是通过示范性院校建设，遴选出100所高职院校进行重点建设，以推动示范院校的整体综合办学实力、专业建设、管理水平、社会服务影响力等方面的发展，发挥建设院校在职业院校中的示范效应。2010年，《教育部 财政部关于确定"国家示范性高等职业院校建设计划"骨干高职院校立项建设单位通知》确定了100所"国家示范性高等职业院校建设计划"骨干高职院校名单。从后面的职业教育发展来看，示范院校建设计划对我国职业院校的发展十分重要,某种程度上为后来的优质校建设与"双高计划"建设奠定了坚实的基础。

"双高计划"是落实2019年1月24日国务院印发的《国家职业教育改革实施方案》的重大举措。在实施方案中,明确提出国家将会启动实施中国特色高水平高等职业学校和专业建设计划,建设一批引领改革、支撑发展、中国特色、世界水平的高等职业学校和骨干专业(群)。"示范校""骨干校""优质校"等几个重大建设计划的实施,促进了我国高等职业教育的快速发展,在提升办学能力、改革人才培养模式方面取得了优异成绩,但在实施过程中也暴露出当前我国职业教育的一些短板与不足,特别是学校治理、社会服务与认可度方面,还有进一步提升的空间。

作为示范校(骨干校)计划建设之后的又一个职业教育改革创新重大计划,"双高计划"的实施,充分体现了2019年《国家职业教育改革实施方案》中关于"职业教育与普通教育是两种不同教育类型,具有同等重要地位"的重要内涵。"双高计划"与"骨干校""示范校"等建设之间既有联系也有区别。

"双高计划"的实施,一方面体现出国家职业教育发展从基础能力提升转变到高质量内涵式发展的趋势,另一方面也是国家面对新时期职业教育新形势新局面作出的适应性调整。作为影响我国职业教育进程的重要计划,它们之间有着天然联系,同为我国职业教育的重要改革计划,其目的都是通过遴选方式,提升办学能力,打造示范典型,以改革与创新促进国家职业教育现代化。但更应注意到两者的区别,总体上两者并非仅仅是时间上的承前启后,更重要的是在建设内涵上有一定的区别。有学者称"示范校(骨干校)、优质校建设是在'在平原上立旗杆','双高'建设是在'高原上树高峰'"[①],即"示范校(骨干校)"建设是在全国高等职业院校中遴选一批综合办学实力和部分专业水平较高的职业院校进行重点建设,探索中国高等职业教育的发展方向,主要目标是通过解决"双师型"专业教师不够、办学机制改革等问题,提升示范学校的办学实力、教学质量乃至社会服务方面的能力,侧重于提升我国职业教育的各项基础能力,带动国家高等职业院校的同步发展。而"双高计划"则是在提升基础能力的原则之上,进一步推动职业教育的改革与升级,并且着重突出"高水平"特征,同时锚定高职教育的社会服务与经济效益、国际交流与合作等能力。

推进"双高计划"建设,高职院校要在承袭国家示范性高职院校建设、骨干高职院校建设以及优质高职院校建设的基础上进行系统思考、巩固优势、综合施策。"双高计划"建

---

① 曾天山,汤霓."双高"建设引领技能社会[M].北京:北京师范大学出版社,2021:32.

设与国家示范高职院校建设之间有天然的历史传承关系,"双高计划"建设需要在示范校(优质校)建设的基础上进行更加系统、全面、深入的谋划。"双高计划"的总体目标相较之前,呈现出更具体、更高的特征,体现出国家打造中国职业教育,立足中国特色、走向世界一流的职业教育定位。因此"双高计划"不再是传统模式下的建设计划,它具有显著的"择优"对象,是对中国高等职业院校的一次"选拔",在"选拔"的基础上进行重点建设,其成果不仅是服务地方社会经济与国家战略,也是要对接世界一流职业教育的要求。"双高计划"是中国高等职业教育追求卓越的重大计划,旨在促进中国职业教育高质量内涵式发展。

二、时代背景与现实背景

"双高计划"的出台不仅是国家职业教育系列建设计划的延续,更是基于我国教育事业的时代与现实需要。把握国外职业教育的发展情况以及当前国家职业教育的时代与现实背景,有利于我们深入了解"双高计划"建设的意义与内涵。

(一)国际职业教育发展情况

从国际化职业教育的发展情况来看,职业教育作为国家经济社会发展和迭代升级的助推器,在推动全球经济社会发展和人类共同进步方面发挥着重要作用。作为国际职业教育的重要力量,中国职业教育正在积极主动融入国际化职业教育浪潮中,以多样化的形式持续推动中国职业教育高质量发展,不断提升中国职业教育的国际影响力,促进国际社会的协调发展。中国的职业教育与国际环境有着密切的关系,不同的历史时期,中国职业教育呈现不同的发展情况。有学者从国际话语权的角度将中国的职业教育国际化趋势划分为以下几个时间段[①]:第一阶段是1978—1995年。这一阶段是中国职业教育与国际化接轨的初期,在党的十一届三中全会和改革开放的推动下,中国处于重要的转型时期,职业教育也迎来了国际化的重要一步。这一时期中国职业教育主要是"引进来",吸收国外职业教育的优秀经验,例如学习借鉴德国职业教育的"双元制"校企合作人才培养模式等,时至今日,我国仍然在不断地借鉴和学习国外的职业教育经验。第二阶段是1996—2011年。随着我国颁布《中华人民共和国职业教育法》,职业教育从"法"的层面有了保障,在国家经济社会

---

① 米靖,王珩安.中国职业教育国际话语权的历史嬗变与时代趋向[J].现代教育管理,2023(1):99-107.

发展的背景下，职业教育不是照搬国外的模式，而是在学习国际经验的基础上实现自主创新，为形成中国特色的职业教育奠定基础。如职业教育中的重要概念"'双师型'教师"和"'双证书'制度"等就是在《国家中长期教育改革和发展规划纲要（2010—2020年）》等文件中提出的，它为中国职业教育的本土化与国际化路径提供了方向，也为中国职业教育"走出去"提供可能。特别是2012年以后，党的十八大提出"构建人类命运共同体"以来，中国职业教育的国际化将承担更为重要的责任和使命，它要求我国的职业教育必须在国际舞台上真正地发挥中国特色的作用。中国职业教育在探索相对具体可行的职业教育工程，以期提升我国职业教育的国际影响力。第三阶段是2012年至今。随着我国职业教育推动"鲁班工坊"等国际交流工程以来，我国职业教育开始真正迈出"走出去"的实质步伐。中国职业教育在国家"一带一路"倡议背景下，发挥自身的重要作用，加强与沿线国家的职业教育交流与合作，深度参与国际职业教育建设。时至今日，中国的职业教育在国际舞台的影响力越发强大，中国的职业教育不断地在世界职业教育领域发声，取得重要的国际话语权。

中国职业教育要不断关注国际职业教育发展趋势，结合中国职业教育的现状，顺势而为，推动中国职业教育的发展。纵观当前的国际职业教育形势，正呈现出以下几个重要发展趋势：

一是职业教育的终身性与多样性。从个人的人生轨迹来看，教育本质上具有终身性，作为社会组织成员，终其一生都会接受不同类型、不同阶段的教育，人们会接受形式多样的培养、培训和正规教育，在形式上有社会教育和学校教育、正规教育和非正规教育等。当前的国际职业教育不再是阶段性和终结性教育，而是贯穿受教育者的终生，国际职业教育也形成了纵向的教育体系，如中职教育、高职教育、本科与研究生职业教育等。同时也包含各个阶段不同形式的培训教育等。职业教育因为"职业"的特殊性，在国际职业教育的发展趋势中呈现出明显的终身性。

二是职业教育需要不断改革与创新。为了进一步发挥职业教育的优势，推动职业教育的办学质量，提升职业教育的影响力，更好地发挥职业教育的社会作用，诸多国家不断推动职业教育改革与创新。这种改革和创新既有教育改革的共性，也突出了国际职业教育的"个性"。就职业教育而言，当前改革与创新主要聚焦在以下几个方面：拓宽专业面向、以能力为本位、重视环保教育、加强创业能力的培养以及运用教育新技术等①。

三是职业教育的全面性与全民性。对职业教育而言，每个人都能够接受相关职业教育是社会发展的基本原则。第二届国际技术与职业教育大会的《建议书》指出，要面向全体建立全纳性职业教育制度，满足全体学习者的需要，努力发展面向边缘群体的职业教育。职业教育不仅仅是面向正常的受教育对象，还需要关注边缘群体的教育。通常而言，边缘群众包括失业者、过早离校的学生和失学青年、边远地区的人口、农村贫民、城市贫民、土著居民、在非正式劳动力市场就业的但不具备工作和生活条件的劳工、从事有害工作的童工、难民、移民和经历武装冲突的退伍军人。这体现出职业教育是为了适应国家社会全面发展的重要路径，国际职业教育需要满足更多的受众群体，以一种更加普适的角度推动教育发展。

（二）国内职业教育的发展要求

新时期以来，中国职业教育发展迅速，国家出台了一系列职业教育建设计划，促进了职业教育的大力发展。职业教育作为一种与经济社会发展密切关联的教育类型，其兴起、发展与时代、现实环境有重要关系。"双高计划"的出台既是职业教育内部发展的需求，也是体现职业教育需要服务地方经济社会发展与国家宏观战略的要求。具体表现在以下几个方面。

一是我国高质量经济发展对人才的需求。随着我国经济的快速发展，产业和经济结构面临改革与转型升级。其本质上是对人才的需求提出了新的要求，特别是进入21世纪以来，各项产业对高素质技术技能人才的需求急剧增长。作为培养技术技能人才的重要载体，高职院校的职业教育承担着为经济发展提供人才的任务。但是从诸多高等职业院校的建设来看，高职院校的专业建设与人才培养模式难以匹配产业转型带来的人才需求，特别是对新技术、高端技术人才的需求，传统的高职院校表现出某种"滞后性"。一方面国家的社会经济产业发展需要体现"高端性"与"先进性"，另一方面高职院校的人才培养呈现出"滞后性"，这两种性质在人才需求、人才培养和人才供给上表现为一种结构性矛盾。这种矛盾在很长时间内都给职业教育与产业经济发展带来很大挑战，也成为职业教育的一大困境。国家出台的系列建设计划的目的之一就是解决这种供需不平衡的结构性矛盾。高等职业院校自身也需要改革与转型升级，转变过去的"量"式发展，转而重视"质"的内涵式发展。

① 杨睿.国际职业教育发展趋势分析[J].经济师,2023,(2):29-30.

催生职业教育改革转型升级的主要动力是经济发展需求，体现职业教育的价值也与能否实现为国家经济社会发展提供高素质技术技能人才密切相关。

二是职业教育以内生发展需求促进改革发展。经过长时间发展，职业教育本身已经在专业建设、人才培养模式等方面取得诸多成果。这些成果既是中国职业教育不断汲取国外职业教育优秀经验的体现，又是我国教育事业自主探索的成功经验。然而随着社会和时代的发展，不断变化的国际形势和各类技术革命的迭代升级，给我国的职业教育带来了机遇与挑战。我国高等职业院校面临着诸如"同质化"发展等困境，不同的职业院校在经历了十多年的建设发展后遭遇了内生性瓶颈。如何解决相关困境和突破自身的瓶颈成为高职院校自身及国家教育主管部门思考与探索的重点问题。基于此，不断借鉴国际职业教育优秀经验，借鉴国外职业教育成果模式成为我国职业教育"引进来"的有效路径。与国际职业教育接轨，加强国际职业教育交流，参与国际职业教育的办学探索，有助于我国高等职业院校借助"外力"解决"内困"。此外，部分优秀高职院校经过国家职业教育的重点扶持和建设，也具备了参与国际职业教育探索的经验，国家也在不断挖掘优秀职业院校的成功经验，打造中国职业教育特色品牌，推动我国优秀职业院校参与职业教育国际标准制定，发挥中国职业教育的国际影响力，为国际职业教育贡献"中国力量"，实现"走出去"的方针。

三是社会服务的拓展需求。从以往的职业教育特别是高等职业教育发展来看，大多数职业院校重视高技能专业人才的培养，将社会低技能人才的培养和供给放在中等职业教育和培训学校上。随着我国社会的发展，低技能人才的就业面临着被淘汰的现象，很多职业不断走向自动化、智能化甚至信息化与数字化，作为传统的集约型低技能人才群体，在社会中无法紧跟时代发展，形成大批失业待业人员。农业、工业现代化给国家带来新的需求，国家急需一批具有相关专业技术技能的新型从业人员。如何培养较高专业的技术技能人才，是职业教育需要思考的问题。高等职业教育需要主动服务地方社会，帮助国家促进低技能人员就业。高等职业院校需要积极参与社会服务与培训中，发挥高等职业教育培养高素质技术技能人才的优势，承担社会责任，促进国家相关人员的充分就业。高等职业院校需要主动拓展自己的人才培养范围，打通人才培养的贯通模式，不断提升高职教育的社会服务能力，扩大高职教育的社会影响力。对于高等职业院校而言，加强社会服务能力是一个双向互动的过程，既能为国家解决待业失业人员的就业问题，缓解国家的人才供需困境，也能提升高等职业教育在社会上的影响力和认可度。

第二节 "双高计划"的目标与内容

一、"双高计划"建设目标的特征

从管理学的角度讲，项目的目标是活动组织者为了实现预期结果的一种主观设想，它体现了活动组织者的实施目的，在维系和调节所涉项目的各个成员方面发挥重要作用。目标的确定能够为项目实施提供明确的方向，也是项目实施考核的核心观测点。一般的目标具有主观性、方向性、现实性及实践性等特征。

"双高计划"建设项目作为一项国家级大型职业教育建设项目，其目标的设定和实现需要综合考虑，它是教育部、财政部等相关部门在经过充分调研、验证和专家讨论后形成的具有方向性的指导理念。"双高计划"建设的目标是国家通过某些具体客观现实成效来达成的具有一定主观性的设想与意识形态，确定"双高计划"建设的目标能为整个"双高计划"建设指明实施方向，同时也能维系"双高计划"涉及的不同对象之间的关系，使得预期目标有效地完成。在"双高计划"建设的可实现度上，需要综合考量其目标的价值性与可操作性，国家相关部门应从我国当前和未来职业教育的实际情况出发，设置相关的理想目标、满意目标与基本目标等。

作为一项事关我国职业教育的重大计划，其目标的社会性和实践性也值得重视。"双高计划"建设的目标一方面要立足高等职业教育的高质量发展诉求，另一方面也要综合考虑职业教育受到国家政治制度、经济制度及文化制度等外在因素的制约，在试图达成职业教育改革的同时也需要满足其社会服务的功能。同时"双高计划"建设的总体目标和具体目标载体都是通过具体的项目实施完成的。

首先，其目标的实践性需要兼顾全局性，即"双高计划"建设的目标需要基于国家职业教育的全局出发，考虑国家整体内外的结果，在制定分项目目标时也要做到协调一致，注重各个项目之间的有机联系。

其次，需要重视"双高计划"建设目标的层次性。作为一项大型的国家级计划，要对总体目标、具体目标，不同层级的子目标，以及关系到项目的关键目标等进行不同分类分层次，并对不同层次的目标进行分解、协调。

再次，"双高计划"建设目标也需要重视可行性。所有的目标都需要考虑切实可行，目标制订前需要经过相关部门人员的深入调查研究，在充分的客观依据上制订一系列可以达成的目标。

最后，"双高计划"建设的目标是针对高等职业院校的教育建设，其目标的设置需要把握具体性与稳定性。意即"双高计划"建设的目标在实现方面是具体可衡量的，最好是能通过某些具体数值指标客观地衡量，在可供统计、可供评价与可供观测上保持趋向性。此外作为一项五年周期、多轮实施的国家计划，目标的制订需要注意其稳定性，尽量在整个建设周期内保持一致，在建设周期计划实施时间内做到动态调整与静态协调。

二、"双高计划"建设目标的认识与定位

基于目标管理的几个特征，需要对"双高计划"建设目标进行整体、深入的认识。从国家职业教育的整体改革来看，《国家职业教育改革实施方案》第三条明确指出，推进高等职业教育高质量发展，要把发展高等职业教育作为优化高等教育结构和培养大国工匠、能工巧匠的重要方式，使城乡新增劳动力接受更多高等教育。这个目标是国家关于推进高等职业教育的一个重要定位，其中提到的"高质量发展""优化高等教育结构""培养大国工匠、能工巧匠"等关键词与"双高计划"建设的目标密切相关。与以往的质量工程相比，"双高计划"不仅要使我国高等职业教育在内涵建设和质量提升上有明显进展，更重要的是在学习借鉴基础上，融合提炼、自成一家，为世界职业教育发展提供中国方案、展示中国模式、形成中国道路，充分体现中国特色高等职业教育的无限魅力和生机活力，让中国职业教育走向世界，成为中国职业教育高质量发展的样板和龙头，在整个国家教育体制改革和人才培养模式改革中率先突破、先行发展[1]。在加深"双高计划"的认识基础上，对"双高计划"的定位有利于理解"双高计划"的目标。作为落实《国家职业教育改革实施方案》的重要举措之一，"双高计划"在我国职业教育改革路径中发挥重要作用。教育部、财政部等部门对于"双高计划"建设中的不同院校的定位在于"引领作用"，即"双高计划"建设中的立项单位不是一般性地、普适性地提高自身发展水平，而是要发挥"龙头"作用，国家旨在通过"双高计划"院校的建设，将职业教育改革的"高质量""高水平"定位呈现出来，"双高计划"院校在职业教育改革中扮演"龙头"引领者的角色。其具体定位是：一方面要突出自身的职业教育发展水平，引领自身职业教育的发展，带动培养各行各业的高素质技术技能人才；另一方面也要发挥"双高计划"院校的社会价值，在支撑地方经济转型

---

① 周建松.以"双高计划"引领高职教育高质量发展的思考[J].现代教育管理,2019(9):91-95.

升级和服务国家战略方面发挥引领作用。

对职业教育而言,"双高计划"建设是一项"内外兼修"的综合性计划,其目标的着力点主要有两个:一是提升学校自身办学能力,将学校建设成为国家需要的高素质技术技能人才培养高地;二是提升学校对外的服务能力,不断将学校建设成为服务地方社会与国家战略的技术技能创新服务高地。前者是学校自身建设与发展的基本要求,也是"双高计划"建设院校在职业教育中的存在价值体现,作为新时期的高等职业院校,基本任务即是培养国家社会经济发展所需的高素质技术技能人才。"双高计划"建设的目标理念之一就是"当地离不开",这就要求不同的职业院校应当立足自身专业群定位,结合地区社会经济发展情况,打造相关核心专业群,体现自身在社会经济发展中的重要价值,否则院校自身就有可能被时代和社会淘汰。但是,"双高计划"建设的定位不仅是"当地离不开",它还要求相关建设单位能做到"业内都认同"与"国际可交流"。这对"双高计划"建设单位提出了更高的目标要求。所谓"业内都认同",即明确要求高等职业教育需要与行业企业进行深度合作,通过产教融合、科教融汇等方式提升"双高计划"建设院校的社会服务能力,以行业、企业的认同来衡量"双高计划"建设院校的社会服务与社会培训能力,增强了职业教育的"实用性"与"社会性"。"双高计划"的一个重要理念目标就是超越学校自身,将职业教育的改革领域与当前国家社会经济的发展密切联系,要求职业院校培养社会认可、国家需要的人才。在前面两个"内外兼修"的基础上,"双高计划"希望相关建设院校能够做到"国际可交流",这是国家高瞻远瞩,对接世界职业教育的重要战略眼光。中国的发展离不开世界,只有通过提升我国职业教育的"龙头",打造一批比肩世界职业教育的高等职业院校,才能同发达国家的现代职业教育对话,才能在"引进来"和"走出去"之间保持协调,这也是未来职业教育的长远目标。

《教育部 财政部关于实施中国特色高水平高职学校和专业建设计划的意见》是落实"双高计划"建设总体目标的纲领性文件。该文件明确了中国高等职业教育需要在推动高等职业教育高质量发展和构建现代职业教育体系的大背景下,在为国家重点产业、区域支撑产业、战略性新兴产业提供人才支撑的同时,着力探索形成中国特色职业教育发展模式和发展道路,在建成覆盖大部分领域具有国际先进水平的职业教育标准制度体系上见成效,为我国加快实现教育现代化奠定基础[①]。从这个层次理解,"双高计划"建设的总体目标比过去的职业教育质量工作都要明晰,那就是除了重视我国高等职业教育自身发展,还要在

高质量发展的基础上，积极参与到世界职业教育的发展与改革中，通过探索中国式的现代化职业教育体系，为世界职业教育的发展探索"中国式"的道路。让中国的职业教育在世界舞台发出自己的声音，让中国的职业教育迈向世界的舞台，也让"双高计划"建设充满了前所未有的"国际性"。作为我国职业教育的"龙头""样板"计划，"双高计划"建设院校要在人才培养模式和职业教育改革中发挥引领作用，要突破以往的职业教育格局。既要综合考虑以往的职业教育工程与现行的"双高计划"建设工程之间的联系与渊源，也要关注它们之间的区别，深刻领会新时期"双高计划"建设的新使命，从而进一步把握国家实施"双高计划"建设的总体目标。正如有学者指出的那样，中国特色高水平高职院校的建设目标是：办学质量要达到世界水平，办学定位要以服务地方需要为主，办学要突显特色。围绕"双高"建设目标，高职院校应从提高政治站位，提升治理能力，明确办学定位，加强教师队伍建设，强化社会服务能力，扩大开放办学等方面精准发力，提高办学质量，增强影响力和竞争力。[①]

三、"双高计划"建设的总体目标与具体目标

关于"双高计划"建设的总体目标，国家层面已有相关文件提及，如《教育部 财政部关于实施中国特色高水平高职学校和专业建设计划的意见》提出，"围绕办好新时代职业教育的新要求，集中力量建设50所左右高水平高职学校和150个左右高水平专业群，打造技术技能人才培养高地和技术技能创新服务平台，支撑国家重点产业、区域支柱产业发展，引领新时代职业教育实现高质量发展"。这是教育部、财政部对"双高计划"建设提出的总体规划和目标。数量上看，集中力量建设50所左右高水平高职学校和150个左右高水平专业群既对相关建设院校进行了约束，也明确了"双高计划"建设的"拔尖"理念。实施路径上看，打造技术技能人才培养高地和技术技能创新服务平台是国家对"双高计划"建设院校建设高水平院校的要求。通过打造技术技能人才培养高地和技术技能创新服务平台，发挥高等职业院校对国家、区域的服务功能，最终引领职业教育的高质量发展。

关于高质量发展的总体目标，可以从以下三个层次理解：一是地方特色。"双高计划"建设院校需要将自身办学定位与当地区域社会发展需求相结合。与地方产业紧密联系，为区域地方经济社会发展作出重要贡献。"双高计划"建设院校要改变过去的职业教育办学理念，主动吸纳职业教育先进理念与经验，通过产教融合、校企合作等多种方式主动融入地

---

① 魏寒柏."双高"院校的建设目标和路径[J].九江职业技术学院学报,2019(1):1-2.

方产业、企业经济发展，实现职业院校自身的迭代转型升级，激发职业教育的内生驱动力，为当地经济社会发展提供人才培养支撑、技术技能服务与智库建设，改变传统职业教育的惯性思维，真正地体现职业教育的社会价值。二是中国特色。"双高计划"的基本任务，就是通过重点遴选与建设部分高职院校，形成具有中国特色的现代职业教育模式，其着力点主要体现在产教融合、校企合作等方面。当然作为个体的"双高计划"建设院校，在实际的建设过程中会根据自身的情况，建设具有特色的专业群、学校治理模式、人才培养模式以及师资队伍建设模式等。中国现代职业教育的中国特色是由这些相关的"院校特色"展现出来的。三是世界性。"双高计划"建设与以往的质量建设的一个显著区别就在于，将中国现代职业教育提到了世界水平的位置。"双高计划"建设要求，中国的职业教育需要与世界职业教育接轨。"双高计划"建设院校要主动参与到世界职业教育的发展中，善于汲取先进发达国家的职业教育建设经验，培养世界级的高素质技术技能人才乃至世界级别的大国工匠。从而在现代职业教育的建设和发展过程中真正的做到"引进来"与"走出去"，将中国的职业教育层次提高到世界层次，这是"双高计划"建设的远景目标。

基于"双高计划"建设的总体目标以及"地方性""中国特色"及"世界性"等特征，教育部、财政部对"双高计划"建设制定了分段目标，即阶段性目标与中长期目标。《教育部 财政部关于实施中国特色高水平高职学校和专业建设计划的意见》明确提出：以五年为一个建设周期，第一个阶段性目标是2019年到2024年，这一阶段要求列入"双高计划"建设的高职学校和专业群办学水平、服务能力、国际影响显著提升，为职业教育改革发展和培养数以千万计的高素质技术技能人才发挥示范引领作用，使职业教育成为支撑国家战略和地方经济社会发展的重要力量，形成一批有效支撑职业教育高质量发展的政策、制度、标准。到2035年，一批高职学校和专业群达到国际先进水平，引领职业教育实现现代化，为促进经济社会发展和提高国家竞争力提供优质人才资源支撑。职业教育高质量发展的政策、制度、标准体系更加成熟完善，形成中国特色职业教育发展模式。

四、"双高计划"的建设与项目管理要求、建设内容

"双高计划"建设作为一项重大的职业教育建设工程，国家出台了系列文件保障计划的顺利实施，主要有一个"意见"（《关于实施中国特色高水平高职学校和专业建设计划的意见》）、两个"办法"（《中国特色高水平高职学校和专业建设计划项目遴选管理办法（试行）》和《中国特色高水平高职学校和专业建设计划绩效管理暂行办法》）、三个"通知"。

"意见"立足于"建",主要是明确学校改革发展任务和中央地方保障举措;"遴选管理办法"立足于"选",明确遴选条件和程序,公开申请、公平竞争、公正认定;"绩效评价办法"立足于"管",突出过程管理、动态调整,保证建设质量;每轮启动前发布通知明确申报要求,遴选结束后发布通知公布遴选结果,建设期内发布通知通报建设绩效。系列文件对"双高计划"的总体要求、项目管理、建设内容等提出具体指导。

总体要求方面。围绕"双高计划"建设的总体目标,国家教育行政部门对职业院校建设的十五年提出了展望,也是国家对中国职业教育未来发展的总体要求,即"当地离不开,业内都认同,国际可交流"。这既是"双高计划"建设院校需要努力的方向,也是所有职业院校所追求的方向。一是当地离不开。这是国家对职业院校自身立足的基本要求。各"双高计划"建设院校需要立足区域特色,结合地方社会经济发展情况,建成一批高素质技术技能人才培养培训基地,为当地经济社会发展培养人才,服务区域发展。二是业内都认同。各"双高计划"建设院校以专业群为核心,不断凸显专业特色与优势,特别需要加强与行业、企业之间的合作,从而建成一批技术技能创新服务平台,让行业和企业都认可,最终支撑产业转型升级。三是国际可交流。各"双高计划"建设院校需要探索一条中国特色的职业教育发展道路,与国际社会共享中国职业教育模式、标准和资源,在现代职业教育发展舞台上发出中国的声音。

项目管理方面。"双高计划"以五年为一个支持周期,2019年启动第一轮建设。制定项目遴选管理办法,明确遴选条件和程序,公开申请、公平竞争、公正认定。项目遴选坚持质量为先、改革导向,以学校、专业的客观发展水平为基础,对职业教育发展环境好、重点工作推进有力、改革成效明显的省(区、市)予以倾斜支持。制定项目绩效评价办法,建立信息采集与绩效管理系统,实行年度评价项目建设绩效,中期调整项目经费支持额度;依据周期绩效评价结果,调整项目建设单位。发挥第三方评价作用,定期跟踪评价。建立信息公开公示网络平台,接受社会监督。

建设内容方面。主要是根据《关于实施中国特色高水平高职学校和专业建设计划的意见》提出10项改革发展任务,制定了10个建设项目:"1个加强""4个打造"和"5个提升"等。"1个加强"指加强党的建设,这是"双高计划"建设的出发点;"4个打造"指打造技术技能人才培养高地、技术技能创新服务平台、高水平专业群、高水平双师队伍,这是"双高计划"的建设任务;"5个提升"指提升校企合作水平、服务发展水平、学校治理水平、信息化水平、国际化水平,这是"双高计划"的具体工作目标。《关于实施中国特色高水平高职学校和专业建设计划的意见》明确提出,加强党的建设,深入推进习近平新时代中国特色社会主义思想进教材进课堂进头脑，大力开展理想信念教育和社会主义核心价值观教育；打造技术技能人才培养高地，深化复合型技术技能人才培养培训模式改革，率先开展"学历证书+若干职业技能等级证书"制度试点；打造技术技能创新服务平台，促进创新成果与核心技术产业化，重点服务企业特别是中小微企业的技术研发和产品升级；打造高水平专业群，面向区域或行业重点产业，依托优势特色专业，健全对接产业、动态调整、自我完善的专业群建设发展机制；打造高水平双师队伍，培育引进一批行业有权威、国际有影响的专业群建设带头人，着力培养一批能够改进企业产品工艺、解决生产技术难题的骨干教师，合力培育一批具有绝技绝艺的技术技能大师。提升校企合作水平，施行校企联合培养、双主体育人的中国特色现代学徒制，推行面向企业真实生产环境的任务式培养模式。此外，《关于实施中国特色高水平高职学校和专业建设计划的意见》还在提升服务发展水平、提升学校治理水平、提升信息化水平、提升国际化水平等方面提出了明确要求。

五、双高计划的实施与考核

（一）整体实施

《关于实施中国特色高水平高职学校和专业建设计划的意见》明确提出，"双高计划"每五年一个支持周期，2019年启动第一轮建设。制定项目遴选管理办法，明确遴选条件和程序，公开申请、公平竞争、公正认定。项目遴选坚持质量为先、改革导向，以学校、专业的客观发展水平为基础，对职业教育发展环境好、重点工作推进有力、改革成效明显的省（区、市）予以倾斜支持。制定项目绩效评价办法，建立信息采集与绩效管理系统，实行年度评价项目建设绩效，中期调整项目经费支持额度；依据周期绩效评价结果，调整项目建设单位。发挥第三方评价作用，定期跟踪评价。建立信息公开公示网络平台，接受社会监督。"双高计划"的建设机制是总量控制、动态管理，年度评价、期满考核，有进有出、优胜劣汰。"双高计划"项目总体遴选50所左右高水平学校建设单位和150个左右高水平专业群建设单位。每五年一个支持周期，2019年启动第一轮建设，每个建设周期结束调整一次，持续保持项目张力。年度评价项目建设绩效，依据周期绩效评价结果，调整项目建设单位。

作为一项以项目建设为实施过程的计划，项目遴选是其中的关键环节。"双高计划"项目遴选主要按照质量为先、改革导向，公开透明、扶优扶强的原则。分学校申报、省级推荐、遴选确定三个环节。项目遴选坚持质量为先、改革导向，公开条件和程序，以地方先期建设为基础，以学校和专业的客观发展水平为主，让学校少跑腿，让数据多跑路。例如《"中国特色高水平高职学校和专业建设计划项目遴选管理办法（试行）"》对"双高计划"建设项目的相关学校和专业群的基本条件作了具体要求。

在经费投入方面，《关于实施中国特色高水平高职学校和专业建设计划的意见》提出，各地新增教育经费向职业教育倾斜，在完善高职生均拨款制度、逐步提高生均拨款水平的基础上，对"双高计划"学校给予重点支持，中央财政通过现代职业教育质量提升计划专项资金对"双高计划"给予奖补支持，发挥引导作用。有关部门和行业企业以共建、共培等方式积极参与项目建设。项目学校以服务求发展，积极筹集社会资源，增强自我造血功能。

（二）项目绩效考核与评价

《中国特色高水平高职学校和专业建设计划绩效管理暂行办法》对"双高计划"建设的具体考核和评价机制与实施作了明确的要求：绩效评价是指学校、中央及省级教育部门和财政部门，对建设成效进行客观、公正的测量、分析和评判。绩效评价按评价主体分为学校绩效自评和部门绩效评价，评价工作应当做到职责明确、相互衔接、科学公正、公开透明。

在具体的考核评价实施方面，《中国特色高水平高职学校和专业建设计划绩效管理暂行办法》对学校自评等评价方式与实施路径作出了明确规定与要求：学校自评包括年度、中期及实施期结束后自评。学校对自评结果的客观性、真实性负责，学校法人代表是第一责任人。学校应当结合各自实际，设定绩效目标，对绩效目标实现情况进行全方位、全过程的自我评价。对绩效自评发现的绩效目标落实中存在的问题，应及时纠正、调整，确保绩效目标如期完成。学校应当在次年初，依据《双高学校建设数据采集表》、《高水平专业（群）建设数据采集表》的指标框架，结合学校"双高计划"建设方案，进一步细化本校指标，通过系统如实填报当年度进展数据。学校中期及实施期结束后，在规定时间内完成自评，通过系统向省级主管部门提交《双高学校绩效自评报告》，有选择地填写《基于"双高绩效目标实现贡献度"信息采集表》、《基于"高水平学校和专业群社会认可度"信息采集表》、《基于"地方政府（含举办方）重视程度"信息采集表》。选择性采集的信息主要供教育部门和财政部门了解建设成效、调整相关政策、进行绩效评价做参考。

教育部、财政部出台的系列相关文件一方面给"双高计划"建设提出了诸多具体要求，另一方面也为"双高计划"建设提供了重要的保障，有利于"双高计划"的顺利实施与开展，从而为中国现代职业教育的高质量发展"保驾护航"。

第三节 "双高计划"的价值与意义

21世纪以来，中国的的职业教育特别是高等职业教育发展面临着新的机遇与挑战，无论是我国内部的教育环境还是国际教育形势都发生了重大变化。我国职业教育的发展，既承担着解决历史遗留问题的义务，又需要正视当前我国职业教育遭遇的现实困境。为此，国家实施了系列关于职业教育特别是高等职业教育的重大计划，目的就是解决当前高等职业教育的重要问题，"双高计划"作为其系列重要计划之一，对促进我国高等职业教育高质量发展具有重要的价值与意义。

一、"双高计划"的价值

作为一项现代高等职业教育的重大质量工程，"双高计划"的出台与实施至少具有以下几个方面的价值：

一是对内彰显职业教育的自身价值。关于职业教育与普通教育两者之间的联系与关系，《国家职业教育改革实施方案》明确指出，"职业教育与普通教育是两种不同教育类型，具有同等重要地位"。国家从教育类型、教育地位的角度对职业教育进行了定位。与普通教育比较，职业教育是一种与之平行的教育类型，这就肯定了职业教育的类型，更为重要的是，国家对职业教育的重要价值作了明确规定，即与普通教育的价值同等重要。但是从现有的教育情况而言，职业教育的认可度和影响力在社会层面还与普通教育存在一定的差距，还有不少的人以"有色"眼光看待职业教育。这种现实困境就需要职业教育通过自身的建设和发展体现出职业教育无可替代的价值。因此，除了国家层面的政策重视，还需要职业教育特别是高等职业院校彰显自身价值。职业教育需要通过"双高计划"建设提高高等职业院校的办学能力和水平，在国家"双一流"高校建设的同时，推行"双高计划"建设高水平学校和专业群，培养地方社会和国家不可或缺的高素质技术技能人才，真正地提升职业教育在地方、行业企业及社会等领域的服务水平，提升职业教育的影响力与认可度，用实际行动来诠释职业教育作为与普通教育同一类型教育，具有同等重要地位的价值所在。

二是对外体现职业教育培养高素质技术技能人才服务地方、国家的社会价值。随着技术革命的兴起，我国的产业正面临着迭代转型升级的重要时期，其核心要素就是如何培养适应产业升级的高素质技术技能人才，这不仅关系到我国产业的发展问题，也是实现中国与国际接轨的国际性问题。从当前的产业形势看，我们国家的企业还是以制造业为主，在高端技术产业方面仍然缺乏一定的竞争力。时代的发展与技术的变革使人才的需求发生了变化。我国的现代职业教育也需要紧跟时代变化，积极服务地方社会与国家战略，为地方社会、国家培养高素质技术技能人才，发挥现代高等职业教育的"现代性"。当前我国的高等职业教育可以通过"双高计划"提升双高院校的高等职业教育内涵质量，从而辐射整个高等职业教育领域，提升职业教育的社会科研和服务能力，扩散职业教育的影响力，真正的实现我国现代高等职业教育的教育功能和社会服务功能。

三是具有推动中国职业教育改革的实践价值。从19世纪60年代的实业教育算起，我国的职业教育已经有60多年历史，中国职业教育的发展也经历了诸多变化。特别是21世纪以来，中国职业教育迅猛发展，同时也面临着一系列困难和问题。如何破解职业教育的发展困境，助推中国职业教育的高质量发展，实现中国职业教育的"现代化"，是国家、地方与各级学校一直思考的问题。特别是如何通过提高自身的办学能力水平，培养国家需要的技术技能人才，得以提高自身的影响力和社会对职业教育的认可度，是职业教育改革的主题。"双高计划"的出台与实施，就是从实践层面推动中国职业教育特别是高等职业教育的重大计划。这体现出国家对职业教育的重视，"双高计划"与"双一流计划"分别是中国普通高等教育和高等职业教育改革实践的路径。国家希望通过"双高计划"的遴选和实施，形成一大批可供推广的机制、模式，从而真正的领航高等职业教育改革。

二、"双高计划"建设的意义

(一)提升中国职业教育影响力,促进职业教育国际化交流

从"双高计划"的总体目标来看，"双高计划"的建设目标是对接职业教育的国际化："集中力量建设一批引领改革、支撑发展、中国特色、世界水平的高职学校和专业群"。中国的职业教育要形成中国特色，达到世界水平，需要与"国际化"职业教育接轨。就当前我国的教育大环境而言，普通高等教育和职业教育离"国家化"还有一定的距离，这也是国家实施"双一流计划""双高计划"的目标之一。国外职业教育的发展为中国职业教育提供了宝贵的经验，中国职业教育通过"引进来"的手法不断吸收国外职业教育的优秀培养模式。"双高计划"明确提出要积极参与"一带一路"建设和国际产能合作，它要求"双高"院校在培养人才方面主动关注国际人才环境需求，不断深度参与国际化人才交流。在

立足中国特色的人才培养模式上，为国家培养能够参与国际化交流的高端技术技能人才。

职业教育与普通教育的一个重要区别就是产教融合。当前中国的产业、企业发展离不开国际化合作，作为全球化格局的重要组成部分，对国际化人才的需求不断上升。基于此，"双高计划"特别强调"参与制订职业教育国际标准"与"提供国际化高素质技术技能人才支撑"，持续推进中国的国际化人才培养与交流，不断地在各个领域形成可供借鉴和参考推广的重要成果，广泛开展我国"双高"职业院校与国际同行进行交流、合作与共享，实现高等职业教育的优质人才培养，最终提升中国在国际舞台的影响力。

(二)探索高职教育发展路径,实践中国教育改革方略

从过去的几次职业教育建设计划来看，国家不断以职业教育改革为核心，推动针对性的国家重大计划，诸如国家示范校、骨干校建设等。通过系列的建设计划，我国职业教育也发生了重要的变化，职业院校的数量和质量方面都有所提升。但是，职业教育特别是高等职业教育的发展仍然难以适应新时期国家经济社会快速发展的步伐，职业教育的自身建设和社会服务能力与国家的战略方针仍然难以匹配，特别是在高端人才培养方面，还需要在职业教育的"高原"上搭建"高峰"与"高岗"，仍需要通过建设一部分优秀的高等职业院校"舞龙头"，带动引领整个职业教育的深化改革建设。

现有的职业教育国家文件和社会需要要求高等职业教育重视内涵建设与高质量建设，高等职业教育要继续深化改革，创新发展思路。基于此类需求，"双高计划"应运而生，其目的就是以项目驱动为载体，以推动职业教育内涵式高质量发展为导向，不断创新高职院校发展思路。就职业教育的自身特征而言，不断加强与企业、产业融合是高职院校跻身"一流"的关键。"双高计划"的重要意义之一就是通过具体的项目建设，探索高职教育的发展路径，最终形成系列可供参考、借鉴和复制的普适性建设标准、机制、模式，在更大范围和更深层次上实践中国教育的改革方略。

(三)谋划高等职业教育发展蓝图,推动职业教育类型化发展

"双高计划"是贯彻落实习近平总书记在全国教育大会重要讲话精神的根本要求，是优先发展教育事业、加快教育现代化、建设教育强国的重要举措，是落实《国家职业教育改革实施方案》的重要抓手，是为国家发展提供优质技术技能人才支撑的迫切需要，是促进高等职业教育改革发展、提升教育服务经济社会发展能力、以教育现代化夯实国家发展的重要基础。

《中国特色高水平高职学校和专业建设计划项目遴选管理办法（试行）》要求所有申报

院校均以"专业群"的形式申报"双高"建设方案。其重要意义就在于"双高计划"是在职业教育类型化发展的大背景下,实现以"专业群"为核心的内涵式特色发展,专业群的建设要与国家、社会乃至国际需求相结合,真正地探索出我国现代职业教育的科学发展道路。

"双高计划"对优化教育类型,加快转型升级有助推意义。作为类型教育,职业教育是对接岗位需求和促进就业最为紧密的教育。这就要求职业学校聚焦高质量发展需要,逐步形成协调发展、特色鲜明、对接市场的学科结构,着力培养适应时代需求的高素质技术技能人才、能工巧匠、大国工匠。"双高计划"对实现这一重大目标有关键作用。

虽然当前我们国家的职业教育现代化道路在"中国特色"方面尚无规律可循,但是"双高计划"的出台和实施为中国高等职业教育未来的蓝图增添了重要的内容。"双高计划"的十个项目紧紧聚焦当前中国职业教育的核心问题,从"打造"与"提升"两个层次解决当前中国高等职业教育的问题与痼疾,共谋高等职业教育的发展蓝图,推动职业教育类型化发展。

第二章 顶层设计："双高"建设内容构建

国家通过"双高计划"提升职业教育的类型地位，并且以项目的方式针对相关的建设任务和能力提升提出了具体的指标任务。"双高计划"建设院校在教育部、财政部的统筹安排和部署下，根据自身情况在十个方面进行指标任务设计，一方面体现出职业教育的统一性，另一方面也展现职业院校的自身特性。

第一节 绩效目标设计

一、指标内容设置

《教育部 财政部关于印发〈中国特色高水平高职学校和专业建设计划项目遴选管理办法（试行）〉的通知》提出，"双高"院校建设每五年为一个支持周期，实行总量控制、动态管理，年度评价、期满考核，有进有出、优胜劣汰建设机制，并要求"双高计划"学校和专业必须按照备案的建设方案和任务书实施建设，逐项落实。教育部、财政部将根据建设年度开展项目绩效评价，以绩效评价结果作为调整项目资金支持额度和下一周期遴选的重要依据。因此各"双高"院校任务书中的绩效指标设置应围绕"双高"十个任务，做到科学合理、指向明确、可比可测地设置产出指标、时效指标、效益指标和满意度指标。学校指标设置可遵循以下原则。一是点上指标与面上指标相结合，体现高质量建设的成果性指标与体现高质量内涵建设的基础指标相结合。二是数量指标与质量指标相结合,数量指标体现绝对数据,质量指标体现相对高度,数量指标对质量指标有支撑作用。三是通用指标与特色指标结合,通用指标体现办学质量,便于横向比较;特色指标体现办学特色,用于突出品牌。四是定量指标与定性指标结合,定量指标用数据说明双高建设绩效;定性指标注重体制机制模式建设。

专业群指标则需参考学校指标体系。原则上每个专业群重要的指标都应该包含在学校指标体系内,但整个专业群指标体系应体现专业群发展特色,每个专业群应该有少量自己的特色指标。如某专业群特色为育训结合,则可在学校指标体系中选取更多体现育训结合特色的指标,并可在学校指标体系的基础上增加适量体现专业特色的指标。

二、各项任务指标分析

(一)加强党的建设

《教育部 财政部关于实施中国特色高水平高职学校和专业建设计划的意见》明确指出,将"加强党的建设"置于改革发展任务的首要位置。坚持党建引领,立德树人,需紧扣职业教育特色和技术技能人才培养需求,牢牢把握高等职业学校以德为先、德技并修的人才培养目标。因此,高等职业学校基层党建工作与思政教育的开展,对人才培养工作和高等职业教育发展具有直接影响。

加强党的建设主要包含以下重点任务:

一是构建并稳固上下联动、协同推进的"大党建"工作格局,形成学校党委、二级党委、基层党支部、师生党员等共同参与的"多位一体"党建工作体系。为体现这一工作成效,可设立全国党建工作标杆院系、省级党建工作标杆院系、全国党建工作样板支部、省级党建工作样板支部等指标。

二是深入实施"三位一体"思政教育扎根工程,推动思政课程和课程思政协同育人,实现党建与思政教育协同联动、统筹推进,确保"教""管""服"与育人工作的紧密结合。为评估这一工作成果,可设立国家级课程思政教学研究示范中心、国家级课程思政示范课程、教学名师和团队、省级课程思政示范课程、教学名师和团队数量等指标。

三是建立"双带头人"教师党支部书记培养和考核机制,确保选优配强党支部书记,并促进教师党支部书记履职尽责、培养培育、管理监督、激励保障、示范带动等机制的完善。为评估这一工作成果,可设立全国高校"双带头人"教师党支部书记工作室、省级高校"双带头人"教师党支部书记工作室等指标。

加强党的建设部分建议指标见表2-1。

表2-1　加强党的建设部分建议指标

序号	指标	备注
1	全国党建工作标杆院系	
2	省级党建工作标杆院系	
3	全国党建工作样板支部	
4	省级党建工作样板支部	
5	国家级课程思政教学研究示范中心	
6	国家级课程思政示范课程、教学名师和团队	
7	省级课程思政示范课程、教学名师和团队	
8	全国高校"双带头人"教师党支部书记工作室	
9	省级高校"双带头人"教师党支部书记工作室	
10	党建类体制机制建设	体制机制建设

(二)打造技术技能人才培养高地

建设技术技能人才培养高地作为中国特色高水平高职学校和高水平专业群建设的核心环节，其重要性不言而喻。在推进此项目时，职业院校必须全面贯彻立德树人的教育理念，紧密结合区域发展对人才的需求，坚持技术技能人才培养的高标准与技术引领，强化德才兼备的教育理念，不断深化职业教育教学改革，从校生质量、培养水平及毕业生水平三个维度构建评价体系，确保培养出的人才既符合产业急需，又具备高超技艺。

一是评价在校生质量的核心在于学生竞赛的表现。学生竞赛是衡量在校学生技术技能水平和创新创业能力的重要平台。其关键指标包括世界技能大赛、全国职业院校技能大赛、中华人民共和国职业技能大赛以及大学生创新创业大赛等赛事的获奖情况。

二是评价学校的培养水平则主要聚焦在标准示范引领、德技并修育人以及教材教法改革三个方面。其中，职业教育国家标准的建设是引领人才培养改革的风向标，它涵盖了教学标准、行业标准等多个方面。同时，德技并修育人则强调全面贯彻党的教育方针，落实立德树人任务，将社会主义核心价值观融入技术技能人才培养全过程。此外，教材教法改革则致力于推进课程教学改革，打造精品教材，深化教法创新，提升人才培养质量。

综上所述，打造技术技能人才培养高地需要职业院校在多个方面下功夫，确保培养出的人才既符合产业需求,又具备高素质和技术技能。这将为我国的职业教育发展奠定坚实基础,为区域经济社会发展提供有力支撑。

打造技术技能人才培养高地部分指标建议见表2-2。

表2-2 打造技术技能人才培养高地部分指标建议

序号	指标	备注
1	国家级教学成果奖	
2	职业教育国家规划教材奖	
3	国家级现代学徒制试点	
4	"三全育人"综合改革试点	
5	国家级课程思政示范项目	
6	职业教育国家规划教材	
7	创新创业教育改革示范高校	
8	国家级创新创业教育实践基地	
9	国家级创新创业学院	
10	世界技能大赛	
11	全国职业院校技能大赛	
12	中华人民共和国职业技能大赛	
13	全国职业院校教学能力比赛	
14	承办全国职业院校技能大赛	
15	应届生对口就业率	
16	新形态、活页式、工作手册式教材	
17	人才培养类体制机制建设	体制机制建设

(三)打造技术技能创新服务平台

当前,各"双高计划"建设单位全面贯彻以提升技术创新能力为核心任务,以技术技能积累为纽带,立足院校特色,着力构建高质量技术技能创新服务平台,强化团队组建与培养,优化技术技能创新生态,以社会服务为目标,深度融入产业、行业企业以及人才培养,彰显"双高计划"建设单位的示范价值。

一是关于平台建设。技术技能创新服务平台是职业院校技术研发与服务的引领者,是产出高质量科研与社会服务成果、助力区域产业转型升级、支持中小企业关键技术攻关与产品升级的重要基地。在平台建设方面，标志性成果包括省级及以上应用技术协同创新中心、省级工程技术研究中心（重点实验室）、省级众创空间、省级工程研究中心（工程实验室）、国家级示范性虚拟仿真实训基地、产业学院、技艺技能传承创新平台等七类。

二是关注科研成效。技术技能创新服务平台的成效主要体现在科研成果、育人成果、科技成果和社会支持四个方面。科研成果以科研项目为主，包括国家自然科学基金项目、国家社会科学基金项目等。育人成果主要包括中国"互联网+"大学生创新创业大赛、"挑战杯"全国大学生课外学术科技作品竞赛国家级获奖、"挑战杯"中国大学生创业计划竞赛等。科技成果主要体现在专利、新产品开发、新工艺应用以及科技成果转化等方面。社会支持则主要关注科技成果的转化与应用。

打造技术技能创新服务平台部分建议指标见表2-3。

表2-3　打造技术技能创新服务平台部分建议指标

项目组	序号	指标	备注
项目三	1	国家级科技创新中心或平台	
项目三	2	省部级科技创新中心或平台	
项目三	3	年均横向到账	
项目三	4	技术合同年收入	
项目三	5	校企联合申报科技成果数	
项目三	6	纵向科研经费到账	
项目三	7	获得知识产权项目数	
项目三	8	专利转化金额	
项目三	9	专利成果转化到款额	
项目三	10	自主创业比例	
项目三	11	参与制定地方/行业标准	
项目三	12	立项国家部委发布的项目（含国家自然科学基金项目、教育部各司局项目、教育部高等学校科学研究发展中心发布的项目）	
项目三	13	国家部委立项的创新创业相关的平台或团队	
项目三	14	省部级科研/双创平台或团队（工程中心、技能大师工作室、创新群体、应用技术协同创新中心、创新创业团队）	
项目三	15	中国"互联网+"大学生创新创业大赛	
项目三	16	"挑战杯"全国大学生课外学术科技作品竞赛国家级获奖	

项目组	序号	指标	备注
项目三	17	"挑战杯"中国大学生创业计划竞赛	
项目三	18	人才培养类体制机制建设	体制机制建设

(四)打造高水平专业群

构建高水平专业群成为我国高水平高职学校和高水平专业群建设的核心任务。"双高计划"实施三年以来，各建设单位紧扣新时代职业教育发展需求，助力产业转型升级，立足立德树人根本任务，从人才培养、"三教"改革、产教融合以及教学资源建设等多方面推动学校高质量发展，以满足快速发展的产业对高素质复合型技术技能人才的适应性和前瞻性培养需求。专业群指标设定应遵循在符合学校整体规划的同时，突出专业群特色指标。

(五)打造高水平双师队伍

构建高水平双师队伍既是"双高计划"建设的战略焦点，也是其基本着力点。关于教师队伍建设，应主要关注教师队伍结构、教师培育发展、教师团队建设、教师考核评价四个方面，以确保师德师风建设引领教师队伍整体建设，构建完善的教师培养培训体系，打造"结构优化、水平高超、实力雄厚"的教师团队，并从资格准入、职称评定、绩效分配、保障机制等角度明确院校教师评价改革措施。

一是关注教师队伍结构。标志性成果包括国家级教学名师、全国模范教师、全国行(教)指委委员、国家级教师教学能力比赛获奖数量等。此外，还需关注"双师型"教师数量、"双师型"教师比例、"双师型"教师培训、"双师型"教师认定及标准等指标。

二是重视教师培养培训发展。教师培养培训应聚焦工作室建设、培训基地建设、培养体系建设、培养机制建设等方向。例如设立名师工作室、双师型教师培养培训基地、教师教学发展示范中心，构建教师企业实践制度，实施分层培养、分梯队培养、校企协同培养等。

三是加强教师团队建设。教师团队建设是提升教师队伍整体水平和培养高职学校尖端人才的关键，为"双高计划"教师队伍建设核心内容。主要标志性成果包括国家级教师教学创新团队和全国黄大年式教师创新团队。

四是完善教师考核评价。教师考核评价应优化教师评价激励机制，重点关注学校教师师德师风建设，制定教师考核激励制度，实施教师职称评聘办法，制定教师绩效分配方案。

打造高水平双师队伍部分建议指标见表2-4。

表2-4 打造高水平双师队伍部分建议指标

项目组	序号	指标	备注
项目五	1	"万人计划"教学名师	
项目五	2	全国高校黄大年式团队	
项目五	3	国家级职业教育教师教学创新团队	
项目五	4	高职院校教师发展指数优秀院校	
项目五	5	全国五一劳动奖	
项目五	6	专业课教师"双师型"教师占比	
项目五	7	国家级拔尖人才	
项目五	8	省部级教师团队	
项目五	9	省部级拔尖人才	
项目五	10	省部级教师发展平台	
项目五	11	聘请行业导师中来自学校校企合作企业占比	
项目五	12	省部级及以上"双师型"教师培养培训基地或教师企业实践基地	
项目五	13	国家级示范性教师企业实践流动站	
项目五	14	国家级教师发展平台(名师工作室/技能大师工作室等)	
项目五	15	累计教师到国(境)外参加各类培养培训数量	
项目五	16	国家级示范性继续教育基地	
项目五	17	高等职业学校"双师型"教师队伍建设典型案例	
项目五	18	首批高等职业学校"双师型"教师个人专业发展典型案例	
项目五	19	到企业或实训基地实训每年至少1个月教师数量	
项目五	20	教师培养类体制机制建设	体制机制建设

(六)提升校企合作水平

深化校企合作，实现双方共荣发展，是"双高计划"任务链条中的关键环节。在"双高建设"过程中，应全面整合校企优势资源，旨在推动自身发展的同时，提升对企业吸引力，加强双方在人才培养、就业创业、社会服务、文化传承等领域的合作程度，进而实现校企共同发展,使学校培养的人才能够满足企业和社会的需求。

一是关注人才培养方面。在校企共同育人的框架下,主要包括育人载体和培育成果两个方面,涉及现代学徒制、学徒制、培育试点、订单班、特色班、订单培育企业等建设内容。

二是强化共建平台。在校企共建机构任务层面,主要包括校企共建产业学院、混合所有制二级学院、获批示范性职业教育集团培育单位、院校与企业共建企业学院等。

三是推动校企资源共享。在校企共建资源任务维度上,建设内容主要涵盖生产性实训基地、高水平产教融合示范基地、协同创新中心等。

提升校企合作水平部分建议指标见表2-5。

表2-5 提升校企合作水平部分建议指标

项目组	序号	指标	备注
项目六	1	国家示范性职教集团	
项目六	2	省部级及以上市域产教共同体	
项目六	3	高水平专业化产教融合实训基地	
项目六	4	国家级职业教育虚拟仿真实训基地	
项目六	5	教学科研仪器设备资产总值	
项目六	6	顶岗实习对口率	
项目六	7	校企合作企业总数	
项目六	8	企业(准)捐赠设备价值	
项目六	9	合作企业接收顶岗实习人数(人)/比例	
项目六	10	合作企业接收毕业生就业人数(人)比例	
项目六	11	家长对专业实习工作的满意度	
项目六	12	省部级及以上行业产教共同体	
项目六	13	职业教育校企合作典型生产实践项目	
项目六	14	新增校外生产性实训基地	
项目六	15	新增校企共建实习实训室	
项目六	16	行业大企名企合作	
项目六	17	校企合作类体制机制建设	体制机制建设

(七)提升服务发展水平

社会服务对于高等职业学校而言,是其服务于经济社会发展的必然要求,同时也是推动学校自身高质量发展的核心驱动力。在实施"双高"建设任务时，高等职业学校应当紧密结合自身特色和优势，将"双高计划"的建设目标与乡村振兴、对口帮扶等国家重大战略相结合，积极投身于地方经济社会的全面发展之中。此外，职业院校还需通过社会培训和技术服务等多种方式，全面履行其社会服务职能，并在此过程中，主动参与"乡村振兴"和"对口帮扶"等重要工作，以实际行动贡献自己的力量。

提升服务发展水平部分建议指标见表2-6。

表2-6　提升服务发展水平部分建议指标

项目组	序号	指标	备注
项目七	1	高职院校服务贡献典型院校	
项目七	2	服务贡献50强	
项目七	3	社会培训总量	
项目七	4	社会培训总收入	
项目七	5	非学历培训项目数	
项目七	6	非学历培训学时	
项目七	7	公益项目培训学时	
项目七	8	非学历培训到账经费	
项目七	9	乡村振兴电商人才培育基地	
项目七	10	国家级职业院校培训基地	
项目七	11	对口协作（支援）院校	
项目七	12	"推普助力乡村振兴"全国大学生暑期社会实践志愿服务活动	
项目七	13	全国职业院校校长培训基地	
项目七	14	提供技术成套方案数	
项目七	15	开发行业企业岗位技术培训项目	
项目七	16	开发行业企业岗位技术培训标准	
项目七	17	社会服务类体制机制建设	体制机制建设

(八)提升学校治理水平

强调职业教育特色，关注多元化治理与智能化治理，是提高学校治理效能的关键因素。在"双高计划"提升学校治理水平方面，应完善内部治理体系，构建多元化治理格局，优化治理结构，推进治理能力现代化，培育一批高水平的治理典范和模式，发挥示范带动作用。

一是以学校《章程》为统领。健全以学校《章程》为核心的现代职业学校制度，优化多元参与的决策咨询治理环境，形成多层次结合的民主治理格局。

二是实施群体建设策略。通过以群体建设为基础的专业群治理，巩固实体化基础，借助项目平台吸引多元利益主体协同参与专业群治理，创新管理机制，明确专业群治理框架。

三是推动诊改创新。以质量标准为导向，螺旋式推进诊改工作，完善内部质量诊断改进机制。同时，利用数字技术赋能学校治理，实现从经验治理向科学治理的转变，促进学校治理科学化。

提升学校治理水平部分建议指标见表2-7。

表2-7 提升学校治理水平部分建议指标

项目组	序号	指标	备注
项目八	1	黄炎培职业教育奖优秀学校	
项目八	2	用人单位满意度	
项目八	3	毕业生就业满意度	
项目八	4	家长满意度	
项目八	5	教师提供社会培训的情况(占比)	
项目八	6	教师评价的治理水平满意度	
项目八	7	学生评价的治理水平满意度	
项目八	8	在校生对学校的总体满意度	
项目八	9	教职工满意度	
项目八	10	毕业生的母校推荐度	
项目八	11	国家官方平台宣传报道(教育部/高职高专网/中国教育报/中央电视台等)	
项目八	12	跨专业教学组织运行机制	
项目八	13	优化校务服务事项	
项目八	14	校学术委员会专门委员会	
项目八	15	学校《章程》	
项目八	16	治理体系专著	
项目八	17	治理机制体制建设	体制机制建设

(九)提升信息化水平

"双高计划"中，提升信息化水平占据重要地位，是优化高等职业学校教育环境、培养优秀人才及推动职业教育现代化的核心举措。在执行此任务时，必须坚守"以人为本、应用为王、服务至上"的指导原则，致力于构建智能化校园环境。这要求职业院校从学校整体发展和师生的实际需求出发，持续优化并扩展信息化资源、系统及应用，促进信息技术与教育教学、管理服务、专业进阶、校企合作及实习实训等各方面的深度融合，以全面提升学校的信息化实力，为职业教育的数字化转型提供有力支撑。

　　智慧校园建设是提升信息化水平的核心项目。职业院校应基于学校的发展和师生的实际需求，精心策划并开发信息化资源系统和应用，以推动信息技术与教育教学、管理服务及科研创新的紧密结合，进而形成多样化的智慧校园建设模式。

　　此外，数字资源建设亦是职业教育信息化的基石和关键。职业院校需不断丰富职业教育的数字资源内容，并创新数字资源建设机制。职业院校应积极构建专业教学资源库、打造精品在线开放课程、开发虚拟仿真资源、创建双创教学资源、推广乡村振兴开放课程资源、丰富社区教育课程资源、优化老年大学教育资源与培训包等，以全面丰富和提升职业教育的数字资源体系。

　　提升信息化水平部分建议指标见表2-8。

表2-8　提升信息化水平部分建议指标

项目组	序号	指标	备注
项目九	1	国家级职业教育专业教学资源库	
项目九	2	职业教育国家在线精品课程	
项目九	3	高职院校资源建设优势院校	
项目九	4	互联网出口带宽(Mbps)	
项目九	5	校园网主干最大带宽(Mbps)	
项目九	6	建成智慧教学平台	
项目九	7	职业教育专业教学资源库	
项目九	8	职业教育信息化标杆学校	
项目九	9	职业教育示范性虚拟仿真实训基地	
项目九	10	网络学习空间建设及其应用覆盖率(%)	
项目九	11	教师信息化应用能力培训覆盖率(%)	
项目九	12	学生信息化应用能力考试通过率(%)	
项目九	13	信息化体制机制建设	体制机制建设

(十)提升国际化水平

提升国际化办学水平对于提高我国高等职业教育的国际地位具有积极作用，有助于增强我国高等职业教育在全球范围内的影响力和话语权，这也是"双高计划"的关键任务之一。在推进国际化办学水平的过程中，职业院校应充分依托自身的专业特色和地区产业发展需求进行实践。一是通过加强与职业教育发达国家的合作，引进这些国家先进的课程、设备、教学资源等，并在引入后进行本土化改造，以提升我国高等职业教育的办学水平。二是在引进的基础上，职业院校将向亚非国家输出我国的职业教育资源，提供国际职业教育服务，并在探索援助发展中国家职业教育的渠道和模式过程中，打造职业教育的"中国品牌"。基于"引进来"和"走出去"的策略，职业院校进一步实现"再提升"的目标。

提升国际化水平部分建议指标见表2-9。

表2-9　提升国际化水平部分建议指标

项目组	序号	指标	备注
项目十	1	国际影响力50强	
项目十	2	接收国外留学生专业数	
项目十	3	接收国外留学生人数	
项目十	4	开发并被国外采用的课程标准数	
项目十	5	在国外开办学校数	
项目十	6	具有国际影响力的职业教育标准	
项目十	7	具有国际影响力的职业教育资源	
项目十	8	具有国际影响力的职业教育装备	
项目十	9	具有较高国际化水平的职业学校	
项目十	10	助力中国企业走出去	
项目十	11	平均每年教师赴海外高水平机构访问、参加国际会议人数	
项目十	12	与海外高水平机构共建专业数	
项目十	13	与海外高水平机构合作编写教材(讲义)数	
项目十	14	与海外高水平机构合作共建专业实训室数	
项目十	15	海外实习/就业学生人数(比例)	
项目十	16	国际化体制机制建设	体制机制建设

第二节　建设内容规划

为深入贯彻落实全国教育大会精神，落实《国家职业教育改革实施方案》，集中力量建设一批引领改革、支撑发展、中国特色、世界水平的高职学校和专业群，带动职业教育持续深化改革，强化内涵建设，实现高质量发展，国家专门出台中国特色高水平高职学校和专业建设计划意见。从顶层设计上为"双高计划"的建设内容进行宏观规划，具体包括以下十个方面。

一、加强党的建设

深入推进习近平新时代中国特色社会主义思想进教材进课堂进头脑，大力开展理想信念教育和社会主义核心价值观教育，构建全员全过程全方位育人的思想政治工作格局，实现职业技能培养和职业精神培养高度融合。落实党委领导下的校长负责制，充分发挥党组织在学校的领导核心和政治核心作用，牢牢把握意识形态主动权，引导广大师生树牢"四个意识"、坚定"四个自信"、坚决做到"两个维护"。加强基层党组织建设，将党的建设与学校事业发展同部署、同落实、同考评，有效发挥基层党组织战斗堡垒作用和共产党员先锋模范作用，推动学校工会、共青团等群团组织和学生会组织建设，为学校改革发展提供坚强组织保障。

二、打造技术技能人才培养高地

落实立德树人根本任务，将社会主义核心价值观教育贯穿技术技能人才培养全过程。坚持工学结合、知行合一，加强学生认知能力、合作能力、创新能力和职业能力培养。加强劳动教育，以劳树德、以劳增智、以劳强体、以劳育美。培育和传承工匠精神，引导学生养成严谨专注、敬业专业、精益求精和追求卓越的品质。深化复合型技术技能人才培养培训模式改革，率先开展"学历证书+若干职业技能等级证书"制度试点。在全面提高质量的基础上，着力培养一批产业急需、技艺高超的高素质技术技能人才。

三、打造技术技能创新服务平台

对接科技发展趋势,以技术技能积累为纽带,建设集人才培养、团队建设、技术服务于一体,资源共享、机制灵活、产出高效的人才培养与技术创新平台,促进创新成果与核心技术产业化,重点服务企业特别是中小微企业的技术研发和产品升级。加强与地方政府、产业园区、行业深度合作,建设兼具科技攻关、智库咨询、英才培养、创新创业功能,体现学校特色的产教融合平台,服务区域发展和产业转型升级。进一步提高专业群集聚度和配套供给服务能力,与行业领先企业深度合作,建设兼具产品研发、工艺开发、技术推广、大师培育功能的技术技能平台,服务重点行业和支柱产业发展。

四、打造高水平专业群

面向区域或行业重点产业,依托优势特色专业,健全对接产业、动态调整、自我完善的专业群建设发展机制,促进专业资源整合和结构优化,发挥专业群的集聚效应和服务功能,实现人才培养供给侧和产业需求侧结构要素全方位融合。校企共同研制科学规范、国际可借鉴的人才培养方案和课程标准,将新技术、新工艺、新规范等产业先进元素纳入教学标准和教学内容,建设开放共享的专业群课程教学资源和实践教学基地。组建高水平、结构化教师教学创新团队,探索教师分工协作的模块化教学模式,深化教材与教法改革,推动课堂革命。建立健全多方协同的专业群可持续发展保障机制。

五、打造高水平双师队伍

以"四有"标准打造数量充足、专兼结合、结构合理的高水平双师队伍。培育引进一批行业有权威、国际有影响的专业群建设带头人,着力培养一批能够改进企业产品工艺、解决生产技术难题的骨干教师,合力培育一批具有绝技绝艺的技术技能大师。聘请行业企业领军人才、大师名匠兼职任教。建立健全教师职前培养、入职培训和在职研修体系。建设教师发展中心,提升教师教学和科研能力,促进教师职业发展。创新教师评价机制,建立以业绩贡献和能力水平为导向、以目标管理和目标考核为重点的绩效工资动态调整机制,实现多劳多得、优绩优酬。

六、提升校企合作水平

与行业领先企业在人才培养、技术创新、社会服务、就业创业、文化传承等方面深度合作，形成校企命运共同体。把握全球产业发展、国内产业升级的新机遇，主动参与供需对接和流程再造，推动专业建设与产业发展相适应，实质推进协同育人。施行校企联合培养、双主体育人的中国特色现代学徒制。推行面向企业真实生产环境的任务式培养模式。牵头组建职业教育集团，推进实体化运作，实现资源共建共享。吸引企业联合建设产业学院和企业工作室、实验室、创新基地、实践基地。

七、提升服务发展水平

培养适应高端产业和产业高端需要的高素质技术技能人才，服务中国产业走向全球产业中高端。以应用技术解决生产生活中的实际问题，切实提高生产效率、产品质量和服务品质。加强新产品开发和技术成果的推广转化，推动中小企业的技术研发和产品升级，促进民族传统工艺、民间技艺传承创新。面向脱贫攻坚主战场，积极吸引贫困地区学生到"双高计划"学校就学。服务乡村振兴战略，广泛开展面向农业农村的职业教育和培训。面向区域经济社会发展急需紧缺领域，大力开展高技能人才培训。积极主动开展职工继续教育，拓展社区教育和终身学习服务。

八、提升学校治理水平

健全内部治理体系，完善以学校《章程》为核心的现代职业学校制度体系，形成学校自主管理、自我约束的体制机制，推进治理能力现代化。健全学校、行业、企业、社区等共同参与的学校理事会或董事会，发挥咨询、协商、议事和监督作用。设立校级学术委员会，统筹行使学术事务的决策、审议、评定和咨询等职权。设立校级专业建设委员会和教材选用委员会，指导和促进专业建设和教学改革。发挥教职工代表大会作用，审议学校重大问题。优化内部治理结构，扩大二级院系管理自主权，发展跨专业教学组织。

九、提升信息化水平

加快智慧校园建设，促进信息技术和智能技术深度融入教育教学和管理服务全过程，改进教学、优化管理、提升绩效。消除信息孤岛，保证信息安全，综合运用大数据、人工智能等手段推进学校管理方式变革，提升管理效能和水平。以"信息技术+"升级传统专业，及时发展数字经济催生的新兴专业。适应"互联网+职业教育"需求，推进数字资源、优秀师资、教育数据共建共享，助力职业教育服务供给模式升级。提升师生信息素养，建设智慧课堂和虚拟工厂，广泛应用线上线下混合教学，促进自主、泛在、个性化学习。

十、提升国际化水平

加强与职业教育发达国家的交流合作，引进优质职业教育资源，参与制定职业教育国际标准。开发国际通用的专业标准和课程体系，推出一批具有国际影响的高质量专业标准、课程标准、教学资源，打造中国职业教育国际品牌。积极参与"一带一路"建设和国际产能合作，培养国际化技术技能人才，促进中外人文交流。探索援助发展中国家职业教育的渠道和模式。开展国际职业教育服务，承接"走出去"中资企业海外员工教育培训，建设一批鲁班工坊，推动技术技能人才本土化。

第三节 "重电""双高"建设实例分析

重庆电子科技职业大学作为首批"双高计划"建设院校，按照《教育部 财政部关于实施中国特色高水平高职学校和专业建设计划的意见》的总体部署，立足学校特色和实际情况，在建设规划的十个方面进行总体谋划：

一、铸魂固本扎根，加强党的建设

以习近平新时代中国特色社会主义思想为指导，全面贯彻落实新时代党的建设总要求，坚定社会主义办学方向，加强党对学校的全面领导，坚持管大局、把方向、做决策、保落实，突出党建在"国家战略、区域发展和学生成长"三服务、专业群优化升级和创新创造中的统领作用，充分发挥党委的领导核心、院系党组织的政治核心和基层党组织的战斗堡垒作用，以"铸魂—固本—扎根"三大工程为载体，深化理论武装，完善工作机制，拓展工作载体，创新工作方法，全面提高学校党建质量，构建形成"纵向多层级联动、横向多维度协同、共建共治共育共享"的"大思政"工作格局和全国职业教育党建实践典型范式。

(一)抓牢政治引领"铸魂"工程,全面增强党的政治领导力

1.着力完善体制机制

完善学校党委全面领导体制,以学校《章程》为统揽,完善党委领导下的校长负责制运行机制,修订完善党委会会议、校长办公会议事规则和二级学院议事规则,建立完善校院两级"三重一大"议事决策机制;修订完善学校全面从严治党责任实施办法,落实党风廉政建设责任制,推动全面从严治党向纵深发展;落实意识形态工作责任制,建立意识形态工作体系,牢牢把握意识形态工作领导权和话语权,完善"思政+"体制机制,引导广大师生树牢"四个意识"、坚定"四个自信"、坚决做到"两个维护";加强工会、共青团、学生会的组织建设,凝心聚力推动改革发展。

2.着力强化队伍建设

加强处科级干部、思政课教师、辅导员、心理健康教师、党务工作人员、专业课教师、"党建翼联"企业导师等7支队伍建设,激发干事创业活力。实施思政课"四化"工程,推进教学讲义"标准化"、教学资源"可视化"、教学方式"立体化"、教师队伍"专业化",打造一批思政教学名师和优秀教学团队;制定教师党支部书记"双带头人"培育实施办法,实现"双带头人"全覆盖;建立完善党务工作人员、辅导员职务职级双线晋升机制;企业导师100%覆盖专业群。

3.着力丰富学习载体

落实好中心组学习、政治理论学习、"三会一课"和主题党日活动,用好"学习强国"、干部网络学院等平台,建好党员教育培训微信平台,打造好1个"核芯"、3条"主渠道"、多维辅助的"1+3+N青马工程"培养平台①,开发好党员教育培训精品课程,建构"学思用贯通,知信行统一"的一体化培养体系。

4.着力创新教育方式

打造"党性体检—党性提升—党性实岗锻炼"党员学习实践平台,建立"党团建设与思政育人中心",打造一院一品党建文化,开展党性体检;依托红岩精神教育资源,建立"党员教育与干部发展中心",推动党员干部现代远程教育和党员电化教育创新发展,建立

---

① 1个"核芯"即以社会主义核心价值观为思想引领,以"重电精神"为主旨的校园文化生态吸引并激发学生源动力;3条"主渠道"即依托市校院三级"青马班"专题培训、网络教育平台、"重电青春汇"大讲堂三条主渠道;"N作多维辅助"即包括课程思政、科技文化艺术体育活动、社会实践志愿服务、朋辈教育等培育渠道。

党性教育基地网上平台，打造培训师资队伍，形成特色教程和教学模块；打造"党性实岗锻炼平台"，用身边党支部和党员鲜活事例影响教育全校师生。

(二)抓实思政教育"固本"工程，系统设计大思政育人体系

1.构建"三全育人"大思政格局

坚持和完善"党委引领、行政施行、团学跟进，宣传督导、教务总牵、院系落地、质量诊改，教师协同、教改推动、职评激励"的十步思政改革运行机制，不断健全党委统一领导、党政齐抓共管、部门联动、家校企社协同的新时代大思政工作格局，积极创建全国"三全育人"综合改革试点高校和试点院（系），逐步形成一体化育人体系，实现全员全程全方位育人。

2.形成"四维协同"思政工作模式

构建由思政课、通识核心课、专业（岗位能力）课、体劳美育课、素质拓展与社会实践课、社团文化课、党建带团建与青马工程（培训）课等组成的"课程思政体系"；成立"研习社"，形成以马克思主义学院为主阵地、思政课为主渠道、专业课协同育人、第二、三、四课堂延伸教育的"四维协同"育人模式；建立"2+1+N"思政课程群①，创新实施"2+3+X+N"课程思政示范项目②，将理想信念教育和社会主义核心价值观教育融入各个环节，深入推进习近平新时代中国特色社会主义思想进教材进课堂进头脑，实现思政课程和课程思政同向同行、协同育人，实现职业技能培养和职业精神培养高度融合。

3.打造"正智信、联融美"至善成美育人文化体系

用习近平新时代中国特色社会主义思想铸魂育人，引导学生坚定"四个自信"，弘扬和传承"重电"精神，将中华优秀传统文化、校本校友文化、行业企业文化等文化资源与社

---

① "2"是思想道德修养与法律基础、毛泽东思想和中国特色社会主义理论体系概论，"1"是形势与政策，"N"指特色思政课程。

② "2"是马克思主义学院重点打造两门思想政治理论课，建成校级以上精品在线课程；"3"是通过教改立项、申报遴选出三个"专业（群）思政示范点"；"X"是指通识教育与国际学院、体育与国防教育部重点建设《创新创业》等多门通识核心课程；"N"是指各二级学院建设一批能够将教书与育人、言传与身教有机融合的思政示范性专业课程。

会主义核心价值观教育实践充分契合，打造"正智信·联融美"至善成美育人文化体系[①]，引导师生坚定文化自信，厚植爱国主义情怀。

4.打造思政育人创新创优平台

围绕习近平总书记关于青年工作的重要思想，结合新时代职业教育特点，立足青年成长规律，探索以德为先、"五育"并举的育人工作机制，打造好"1+3+N青马工程"培养平台、青年协同育人中心、融媒体思政育人中心和思政虚拟仿真教学体验中心。实现从理论创新、制度创新到机制创新、实践创新的全链条研究与实践，构建青年协同育人体系。

(三)抓好基层堡垒"扎根"工程,打造基层党组织建设典型

1.加强基层党组织规范化建设

加强党支部标准化管理，夯实规范化阵地建设和体制机制建设，制定党支部规范化建设考核标准，构建党建规范化监督管理考核平台。突出政治功能，提升组织力，有效发挥党支部战斗堡垒作用和党员先锋模范作用，推动学校党委严格做到"四个过硬"、党总支普遍做到"五个到位"、党支部普遍做到"七个有力"。

2.创新新时代基层党组织工作机制

建立基层党组织"对标争先"工作运行机制，着力推进全国党建工作示范高校建设，建成一批标杆院系、样板支部、"双带头人"教师党支部书记工作室和党员示范岗。建立以启蒙、育苗、提升、引领"四大工程"为载体，校企地"多场域"培育的党员培育和党性锻炼模式。建设"党员e家"党建信息化管理服务平台，构建"党务管理智能化、信息管理维护精准化和党员教育管理个性化"的党建工作新模式。创新组织设置形式，在社区、社团、众创空间、项目团队等创设特设党组织，延伸党的工作手臂，搭建党员作用发挥的平台和舞台。

---

① "正",即正确、正向、正气,主指学校办学方向和立德树人的价值取向正;"智",即仁智、睿智、学智;"信",即自信、守信、至信;"联",即联系、联合、联动,是从学校的人工智能与大数据、智能制造、智慧健康、信息安全、物联网技术等特色优势专业集群中抽象出来的与优秀传统文化的"智""信"和美好词汇"联""安"融合,主指"智联信息安全仗剑走天涯、情系品牌诚信载誉贯天下";"融",即融汇、融通、融洽,既指产教融合办学育人,也指与产业文化、校友文化、质量文化等的交流互鉴;"美",即形式美、感知美、行为美,这种美不是私美,而是公美,成就小我、中我、大我之美,指"重电"人追求职业精神专注极致、精益求精的使命担当、美好追求和愿景达成,沉淀为"重电"独特的"正智信·联融美"至善成美的文化治校育人体系。

3.打造校企共建党建创新实践活动基地

党建引领校企共建,探索"党员共育、组织共建、资源共享、人才互助、文化互融"校企党建共建模式,推进与重点合作企业实现党建共建互助、产教有机融合,促进学校与企业在人才培养、项目建设、产品研发等方面深入合作。每个学院建成1~2个实践基地,所有专业群实现全覆盖;建立动态监管和考核机制,定期遴选一批建设成效好的基地进行推广。

二、"全人教育"培养卓越工匠,打造技术技能人才培养高地

以培养担当民族复兴大任的时代新人为己任,落实立德树人根本任务,统筹推进德智体美劳育人体系建设,着力培养具有家国情怀、完全人格、高超技艺、国际视野的新时代大国工匠和能工巧匠。对接"产业链、技术核、职业域",运用"信息技术+"助推专业改造升级。创新"十步思政改革育人机制",增设"分众快乐技能体育"免费学分,实行"百工博雅美育系列计划",构建"重电""1+8+N"劳动教育实践体系,开展职业教育长学制探索,落地1+X证书制度,深化"双元协同 三分结合 四位一体"的专业群个性化人才培养模式改革,实施"卓越技术技能人才"培养计划,推进基于1+X课证融通的"成果导向、通专融合"专业群模块化课程体系改革。适应"三教改革"需求,改善育人环境,进行教学场地改造升级,信息化赋能教育教学管理新模式,提升教师信息化教学能力,建立学生学习全过程的动态画像,开展"五维结合"课堂教学改革,促进学生多样成才,把学校建设成为面向人人、全面发展"全人教育"培养卓越工匠的开拓者。

(一)价值引领,立德树人,培养卓越工匠家国情怀

落实立德树人根本任务,推动习近平新时代中国特色社会主义思想进教材、进课堂、进头脑,将社会主义核心价值观贯穿人才培养全过程,着力培养学生的使命担当和家国情怀。充分发挥思政课在立德树人中的主渠道作用,单独开设1学分的思想政治理论课实践教学课程,开展"2+1+N"思政课教师队伍和思政课程建设,打造系列特色"行走思政课"和"活动思政课"。积极打造"八双"辅导员队伍,统筹推进"大思政"格局构建和专业思政、课程思政和特色思政课程育人,逐步实现思政课程、专业课程和创新创业课程相融合。实施"1368"大学生思想政治教育智慧管理工程,形成"纵向多级联动,横向多维协同"的新时代"三全"育人大格局。

(二)体美合力,劳动增效,培养卓越工匠完全人格

1.艺术教育陶冶审美气质

积极营造浓厚的校园文化氛围,将优秀传统文化和传统美德、艺术教育融入教学内容和日常生活,以春风化雨、润物无声的方式影响学生德行、滋润学生心灵。高水平建设"重电"国学中心,打造茶艺体验室、传统文化主题教室、国学走廊等国学活动场所,按照国学"赏习合一"课堂要求,熔铸"重电"龙马精神,高质量开设《中华优秀传统文化》《书画中的美》《魏晋风骨解读》等国学金课,建成传统文化线上线下优质课程资源库,让学生全方位学习传承中华优秀传统文化。培根铸魂高质量建设《合唱艺术》《非遗与传统工艺》等公共艺术课程,高标准打造一批精品文化艺术社团;将艺术课程与实践纳入人才培养方案,实行学分制管理,学生修满规定学分方能毕业;高质量建设"重电""川江号子"国家非物质文化遗产传承基地,开展"川江号子"非遗传承研究,并围绕展现百工精神的"川江号子"特色曲目,全力打造高水平百工合唱艺术团,提升师生艺术审美能力;成立传统文化与美育教研室,发挥我校数字媒体相关专业优势,打造科美融合的教学环境,探索"艺育润心,科美共进"的体验式教学模式,建成具有鲜明特色的艺术工坊、工艺美术大师工作室,建成通专融合的艺术类课程,辐射全校美育教学,注重规整美、动作美、技艺美"三美"育人,培育学生认知美、感知美和欣赏美的能力。

2.体教结合增强健康体魄

秉承"体教结合、完全人格"理念,增设3个免费学分的"分众快乐技能体育",积极开展全员覆盖的有氧健康跑项目,创编3~5套课间操,依托学生体育社团开展丰富多彩的体育活动,增强学生"健康第一"体育意识。以全国"一校一品("重电"足球)"示范基地为基础,实现学生体育社团"一校多品",改革创新体育教学课程模式,通过公共体育、专项体育两个主渠道,让每位学生至少掌握一项终身受益的体育运动技能,养成运动习惯。持续打造"'重电'足球""'重电'啦啦操"等具有"名片"效应的体育优势特色项目,集中力量让高水平体育运动代表队、竞技项目走向国内国际前沿,助推重庆"体育强市"建设。

3.劳动实践磨砺成熟心志

以劳树德增智,将劳动价值观、劳动情感态度、劳动品德、劳动习惯和劳动实践锻炼

融入学校育人全过程。构建"重电""1+8+N"劳动教育课程及实践体系①。建立"重电""百工学堂"，用"学堂"引导学生劳动实践，力争形成具有"重电"特色的"新时代以百工学堂为载体的生活劳动、生产劳动、爱心劳动'三位一体'劳动教育模式"。制定《重庆电子工程职业学院大学生弘扬劳动精神实践活动实施方案》，列出大学生劳动教育具体任务清单。以劳动教育为载体，依托学校电子和军工特色，打造"重电"校园文化，规划建一间电子产品与汽车产品博览馆（陈列室）。

(三)智育创新,多样成长,培养卓越工匠高超技艺

1.高质量培养,长学制探索,突出职业教育类型特征

面向新经济新技术带来的生产技术、组织模式的变化，突出职业教育对地方经济的支撑作用，对接"产业链、技术核、职业域"，培育新兴特色专业，依托"信息技术+"，助推学校专业改造升级；坚持以标准引领、增值赋能为主线，依托新兴专业，培养地方需要的大数据智能化、数字经济、智能制造等高端产业或产业高端技术密集型领域需要的技术应用型高级专门人才的同时，服务中小微企业应用型研究，形成"技术创新、人才培养、社会服务、文化传承"有机结合的职业院校办学模式。探索高职与应用型本科分段培养的职业教育长学制，建设不少于3个专本衔接项目；重点开展长学制试点，在移动通信技术、物联网信息技术、电子信息工程技术、信息安全与管理、云计算技术等专业试点长学制，培养适应区域发展需求的高端产业或产业高端的技术应用型高级专门人才；适应高职扩招，畅通一线从业者继续学习深造的路径，建立在职人员学习就业通道，探索职业教育与职业能力培训的学分转换认定，建立纵向贯通、横向融通的学习培养体系。

2.分类培养、英才育人,深化个性化人才培养模式改革

基于学生个性化学习成长、个性化发展成才的需求，校企双元协同，为不同学生发展规划了分类型、分阶段、分层次相结合的培养路径。以"价值引领、人格养成、知识积累、能力培养"为培养目标，"德智体美劳"共育，培养"十百千万"技术技能型人才（数十位技能大师、数百位能工巧匠、数以千计技术能手、数以万计技术人才），构建"双元协同 三分结合 四位一体"人才培养模式。基于专业群招生改革，大专业进、小专业出，增强学

---

① "1"指开设劳动公共选修课程,建立校内外劳动理论教育和劳动实践的量化评价体系,纳入人才培养方案,通过学分认证的形式保证劳动教育全覆盖;"8"指八个实体二级学院将劳动教育融入到课程教学、实训课堂、顶岗实习的全过程,打造富有专业特色的工匠工坊、专业工作室、劳模工作站等,培养学生良好的劳动习惯和劳动实践能力;"N"指打造一批富有"重电"特色的劳动实践活动品牌。

生专业自主选择权；推广现代学徒制经验，畅通校企双元主体合作开发从职业、专业、课程到教学标准、学业评价等标准体系构建渠道，完成人才培养方案动态调整；围绕"英才育人"理念，持续推进"卓越技术技能人才培养计划""星光大道奖励计划"，探索在技术研发、技能竞赛、创新创业、学历提升、国际化视野等方面的个性化分类培养实践，依托国家/省部级技能大师工作室、省部级工程中心、省部级应用技术推广中心等高水平技术技能创新服务平台，科教协同，为"重电"学子开出个性化成长清单。到2023年，建成完善的人才培养方案动态调整制度，形成分类分层教育教学长效机制，构建多维人才培养评价体系，将学校打造成技术技能人才培养的聚集地。

3.书证融通、通专融合，构建与X证书互融的模块化课程体系

继续推行"1+X"证书制度，新增8~13个试点专业，面向汽车运用与维修、传感网应用开发、云计算平台运维与开发等多个领域，积极参与职业技能等级证书标准制定，以X证书资源包为支点，将证书标准有机融入课程模块，助推模块化课程体系改革；开发职业技能等级证书教学培训标准，建成X证书授权师资培训基地、培训和考核基地。根据"1+X"证书制度要求，校企双元协同修订人才培养方案，优化课程设置和教学内容，开发"1+X"证书配套教学资源，做到书证融通；对于尚无"1+X"证书的专业领域，对照行业龙头企业的技能标准融入专业课程教学，并组织教学实施。积极选派教师参加"1+X"师资培训，推进X证书学生考评认证，获取率在90%以上。探索实施职业教育"学分银行"，有序开展学历证书与职业技能等级证书学习成果的认定、积累和转换，形成完善的X证书学分转换制度。构建基于公共基础平台共通，专业基础平台共享，专业方向模块融通，专业拓展模块互选的"平台+模块"专业群课程体系，牵头制定物联网应用技术、信息安全与管理等专业群职业教育教学标准。学生可以通过选修其他专业模块课程，完成第二专业辅修，满足个性化成长需要；也可以通过修习X证书相关课程，通过资格证书考评，满足职业技能需求。开展"重电"特色"百工博雅"通识教育改革，开设科学精神与思维创新、历史传承与哲学基础等6个通识拓展模块，完善"重电""平台+模块"通识教育课程体系，培养学生人文精神和理性思维。巩固深化"双课融通·三师协同·四步循环"双创育人国家教学成果奖项目①，繁育"环重电"创新生态圈，形成双创育人品牌。基于成果导向，构

---

① "双课融通·三师协同·四步循环"创新创业教育是以"双创课程与专业课程有效融通"为理论支撑，以"专业教师、双创教师和企业导师为一体"的师资能力建设为师资保障，以"激发创意、催生项目、孵化成果和运营企业"四步训练为实践路径，将理论和实践有机结合的双创教育新模式。

建教学内容与产业迭代同频共振的动态机制。

4.因院制宜、分群分式，"信息化+"助力打造"一院一品"

针对未纳入高水平专业群建设的各专业群，依托创新发展行动计划建设以来形成的"以群建院、以院办校"提升二级学院教学自主管理能力的有效模式，根据各二级学院不同的学科背景和产业特色定位，采取因院制宜、分群分式、协同发展的思路，提升二级学院人才自主培养活力。基于传统财经商贸类专业，依托"信息技术"赋能，升级数字贸易、金融科技、智能物流专业群，完成对传统专业的改造，强化人才培养对接区域经济相关产业需求。依托智能终端开发与制造专业群，打造"智慧工业虚拟仿真实训中心"，对接"1+X"技能证书与岗位需求，面向校内外师生开展实习培训。依托智慧健康专业群，建设"健行康民灵巧手"卓越技术技能人才基地，培养各类工匠型高端人才。依托虚拟现实专业群，打造"VR+数字创意"的立体教学环境，探索体验式教学模式。依托智能建造专业群，建设智能建造实训基地，探索国家资源库建设和职业教育长学制人才培养。依托汽车智造和汽车技术服务专业群，建设虚实结合的"智能制造虚拟工厂"，服务重庆智造重镇，提升工业工程技术专业内涵建设，培养学生创新能力和应用技术。

(四)三教聚力、基地强技，保障卓越工匠培育生态

1.三教改革、五维结合，推动课堂教学动态革新

依托信息技术，赋能"三教改革"。组建智慧教学推广中心，探索优质课程资源引进和共享机制；依托课程模块设立基层教学组织，构建以"模组"为单位的教师分工协作的模块化创新教学团队；开展教师信息化教学能力提升培训，持续推进线上线下混合教学模式应用；建立教材更新机制，及时将新技术、新工艺、新规范纳入教材，以项目化教学为载体，整合企业优质资源，开发工学结合的活页式数字化立体教材。创新"线上自学与课堂讲授、实地观察与虚拟现实、个人学习与团队协作、理论探究与实训演练、个性学习与普适学习"五维结合的教学方法，探索学生三天在企业、两天在学校的"3+2"教学组织形态，适应教学场景多元化需求，把课堂搬到现场，把现场搬到课堂，推动课堂教学革命。提升学生技术技能水平，鼓励支持学生参加国内外技能竞赛，学校主动承办技能竞赛赛项，建立完善技能竞赛选拔、培训机制。以"重电"智慧校园为支撑，借助智能设备和大数据系统，基于信息化赋能教育教学管理新模式，构建学生学习成长全过程的动态画像，促进学生多样成才。

2.校企合力、专业提升,打造高技能人才生产实训基地

适应区域产业发展需要,培育新兴特色专业,"信息技术+"助推专业群改造升级,打造高技能人才生产实训基地。成立专业(群)建设指导委员会,完善专业动态调整机制,组织开展专业建设研讨与论证,通过关停并转,不断优化专业结构,使专业与区域产业对接率达到96%。紧跟行业动态,深化产教融合,校企合作联合设计系统组织实训教学,实现实训开设与行业发展相融合、实训环境与企业环境相融合、实训内容与岗位需求相融合。在实训过程中,加强文化力量的柔性支撑,将华为、海尔、长安等合作单位的优秀企业文化融入实践基地工业文化建设,在教学实践环节融入劳模精神、工匠精神,加强实习环节职业道德、职场安全的培养和考核,丰富实践基地的内涵。适应二级学院提质升级需求,进行教学场地扩建、改造,提升学校校园硬件设施质量。建设打造实训室绩效管理平台,完善实训基地管理机制,建成校内实习实训室绩效评价体系。

三、繁育"环重电"创新生态圈,打造技术技能创新服务高地

学校紧密对接重庆市以大数据智能化为引领的创新驱动发展战略行动计划,牢牢抓住重庆作为首批"国家数字经济创新发展试验区"的机遇,充分发挥学校在新一代信息技术领域的专业特色与技术积淀,服务重庆市"加快数字产业化、产业数字化,推动数字经济和实体经济深度融合……集中力量建设'智造重镇'和'智慧名城',让智能化为经济赋能、为生活添彩"的总体布局。聚焦产业数字化转型,布局一批技术技能创新服务平台;以科研平台为创新服务引擎,围绕学校优势特色方向,构建"环重电"创新生态圈,通过物理空间和产业板块布局,拓展学校产教融合与科教协同育人的"朋友圈""事业圈"。"环重电"创新生态圈通过打造"五个一工程",纵向延伸技术攻关、技术创新、技术应用推广的技术链,横向拓展育人、科研、双创的关联领域;培育形成数字康养、建筑智慧运维、智慧教学、5G+应用、数字文创等7个特色产业数字化转型领域高水平科研平台,打造ICT产业技术研究院高端智库,产出一批标志性成果,探索可推广、可借鉴的高职院校技术创新服务能力持续提升模式,带动全校技术技能创新服务水平的整体提升,形成全国一流、西部领先的"数智重电"技术技能创新服务高地,助力新一代信息技术赋能传统产业数智化转型,服务国家科技创新中心和中国西部(重庆)科学城建设。

(一)规划"环重电"创新生态,提升创新孵化与服务能力

1.提档升级众创空间,规划"环重电"创新生态圈布局

围绕中小微企业资源配置、高技能人才培养、技术研发和产品升级等问题,依托"重电e家"众创空间,以学校为建设主场地,以周边产业园区为重点载体,完成国家级众创空间硬件设施提档升级;引入校内优秀项目团队,如数字媒体学院VR+数字内容生产工坊、智慧健康学院智能医疗康复机器人应用及服务协同创新中心、通信工程学院5G研发团队、智能制造与汽车学院3D技术研发团队等与企业深度融合;整合市场资源、产品资源、人力资源、技术成果资源,建设"重电"特色创新创业街区,规划生态圈物理载体、搭建技术研发测试公共系统,校企共建集苗圃区、孵化区、加速区于一体的"环重电"创新生态圈一站式、共享型的综合性孵化平台。

2.优化完善创新平台功能,助力中小微企业可持续发展

以第三方团队为运营主体,实现实体化、市场化、专业化运营;建设高端双创导师库,组建集5类高端人才(院士、千人计划以及资深企业家)于一体的创新创业导师团队,对中小企业、学生创新创业项目进行指导;建设政策指导平台,开展"双创沙龙"等活动,邀请政府主管部门、银行、投资公司等代表到校进行政策普及和解读;联合中新(重庆)知识产权研究院有限公司提升知识产权服务能力,创新技术经理人模式,通过培养技术经理人建立成果转化供需桥梁,依托学校牵头的重庆电子信息职业教育集团共建技术转移与知识产权运营机构;建设资本运作平台,引进投融资服务、风险咨询、上市辅导公司,面向生态圈内外中小微企业、创新创业项目开展培训服务;建设赛事训育平台,针对省部级及以上大学生创新创业相关赛事,开展"大学生创新创业先锋训练营(种子选手培育)""大学生创新创业冲刺集训营(省部级及以上赛前集训)""创新创业项目师资培训"等活动,提升学校学生创新创业赛事水平。

3.建立健全扶持机制,保障技术技能服务全面推进

完善生态圈综合服务机制,落实政府扶持政策,以市场为导向,通过搭建投资引导基金平台、设立债权融资风险资金池等形式,建立完善的生态圈投融资体系,解决生态圈内企业银行贷款难、评估难等问题,为生态圈内企业排忧解难。建立导师指导和打分机制,出台《创新创业项目导师管理制度》,解决教师指导学生创新创业工作量与课时量转换问题,提升项目专业水平;建立团队培育机制,依托各二级学院专业与龙头企业共建命运共同体,形成"企业+团队(一个企业带领、帮扶一支学生团队)"共育科技创新创业成果机制。

(二)打造科教产融通O2O平台,技术服务引领产教融合发展

1.组建ICT产业技术研究院,打造电子信息产业高端智库

依托华为、大唐、京东等行业领军企业等,联合重庆市产学研合作促进会、重庆市信息通信研究院、重庆首席信息官CIO协会等产学研机构,建设一个为地方提供决策咨询、为行业产业制定标准与规划、为高端技能人才建立交流平台、为地方产业企业提供技术服务与支持的研究院,实现政行校企在高端产业领域的深度融合。重点打造海智专家工作站,引进海外ICT专家提供前沿的技术与智力支持;聚焦学术交流、ICT产业创新人才培养、成果转化等领域,与海内外专家联合探索科技前沿问题、关键技术攻克等研究,共同为本地高新区企业解决技术难题,更好地为重庆ICT产业发展服务,力争打造海外智库第一梯队。

2.整合"政产学研用"资源,设计产教融合创新创业就业服务平台

针对目前产教融合形式单一、深度不够、供需错位等问题,立足国家科技创新中心和中国西部(重庆)科学城需求,面向大数据智能化、制造业、建筑业、文创业等行业转型升级需要,将产业和民生重大问题作为产教协同发展的主攻方向,充分发挥学校区位优势、与周边区县、工业园区前期良好的校地关系以及重庆电子信息职业教育集团的企业资源,结合学校电子信息传统特色创新方向,与政产学研合力设计构建集技术积累、产业需求、人才培养等功能于一体的产教融合创新创业就业服务软件平台,聚焦技术研发、产业发展、人才需求等产教融合方向;搭建不受时空约束的产教融合资源共享桥梁,实现产教双主体需求共生、信息共享。

3.打好"线上—线下"组合拳,探索以技术服务引领的共生型产教融合机制

通过构建地校、园校、企校共建共享共用模式,引入技术先进的企业,深入开展校企合作,共育专业引领的校级特色科研项目和成果转移转化专项,开展重庆市大数据智能化产业人才需求研究,从而缓解产教融合"一头热"现象,提升产教融合各主体的合作深度与依存度,实现在教学实践过程中完成产品研发,在研发过程中引入教学内容,让教师学到技术、让学生加入研发、让研发产生效益、校企双赢、共生共荣。同时,依托ICT产业研究院线下资源以及产教融合创新创业就业服务平台,从线上线下协同运行、内外部资源整合等方面探索可推广的长效运行机制。

(三)构建数智化协同创新中心群,打造技术技能创新服务特色

1.围绕数字产业化领域,建设一批高质量创新中心

围绕国家在芯片研发等重点领域的战略需求,在国家千人专家带领下,依托光特科技

有限公司硅光子研发与封装测试优势,建成硅光子芯片工程研究中心,突破硅光子芯片制造工艺、版图设计、贴片封装等技术,实现100/200 Gb/s硅光子高性能芯片产业化,达到国际先进水平。围绕国家职业教育发展需求,依托近10家教育产业企业,打造智慧教学工程研究中心,聚焦智慧教学硬件设备研发、智慧教学软件平台研发、智慧教学数据分析及相关技术服务为一体的智慧教学应用技术创新创业群体,立足重庆、面向西部、服务全国,为职业院校智慧教学的常态化实施提供切实可行的技术服务体系,促进职业教育人才培养。顺应文创数字化转型趋势,依托重庆南滨路国家级文化产业园西部拓展区建设,依托全国虚拟现实专业产教联盟,深化与国内外知名行业企业(机构)合作,建设数字文创内容孵化中心,形成品牌和产业创作的聚集区,参与数字文创产品研发、生产及输出,提升技术创新与成果转化能力。

2.围绕产业数字化领域,升级一批高效科研平台

以"重电"—华为ICT学院为基础,联合院校、企业,升级"电子信息技术重庆市高职应用技术推广中心",共同开展5G+应用技术研究,实现5G应用创新和5G赋能产品开发,促进和服务区域数智化产业发展,打造5G高水平科研团队和5G智能技术应用示范中心。依托智慧城市行业领军企业中移物联网有限公司,支持学校物联网应用技术高水平专业群智慧城市能源管理应用技术协同创新中心和智慧城市信息化工程技术服务平台建设,加快"城市建筑智慧运维管理重庆市高校工程中心"建设。依托沈昌祥院士专家工作站,围绕信息安全与管理高水平专业群智能安全控制综合创新平台和网络空间安全创新中心建设,突破跨领域数据分析、数据挖掘可视化等技术瓶颈,发挥其在建筑运维数字化转型过程中的跨学科优势,打造"技术研发—产品开发—成果转化—专业建设"的闭环生态链。立足医工结合的大健康产业,联合国内外知名研究所及企业,发挥重庆市机器人与智能制造应用技术及服务创新创业示范团队、重庆市机器人科普基地等技术优势,升级机器人与智能制造应用技术推广中心,打造国家级机器人技术应用协同创新中心、智能制造应用技术协同创新中心;重点开展适用于医院、康复机构、居家及学校教学的"数智化"医疗康复设备及机器人新产品、足底矫形鞋垫制作新技术应用研究与推广。

3.立足学校专业发展,培育一批校本特色科研平台

为延展学校专任教师在本领域的学术研究水平和服务企业的专业化能力,拓宽"双师双能"型教师实践空间,启动"扶持校本特色科研平台行动计划"。行动计划以契合产业发展、服务社会为导向,面向学校电子产品智能制造、区域产业经济与企业管理、泛在无线网络、汽车技术研发与服务等特色方向,本着"一院多平台、一平台多院系"的自由组群

理念，持续打造13个校级科研平台/团队，从而形成"面上开花、点上结果"的平台布局。

(四)建立科教协同育人模式,提升技术技能服务平台育人能效

1.打造高水平育人载体,搭建高技能人才培养基础

面向物联网、智能制造等领域，依托陈志军、许磊等技能大师，重点打造高水平技能大师工作室，发挥工作室科研与育人的平台功能，进一步拓宽科教协同育人载体。制订完善的数字化技能人才培养机制，培育建设集人才培养、成果转化、技能创业、市场运行一体化的高水平技能大师工作室。通过工作室等育人载体的建立，以科研项目或企业产品为出发点，通过实际教学，完成产品研发，在研发过程中引入教学内容，让学生参与研发，将科研过程及产品开发过程与人才培养过程无缝对接，为高技能人才培养提供实践土壤，使科教协同育人工作"接地气"。

2.加强学术研究和文化建设,健全科教协同育人机制

依托技能大师工作室、卓越人才班、工匠工坊等培训载体，通过卓越人才培养计划，探索学生技术技能积累传承新模式，完善教师教学与科研工作量互换、学生科研成果转换为学分、学生辅助科研工作转换为顶岗实习等举措，建立健全工学结合的育人模式，完善理实结合、育训结合、学分互认等领域的体制机制，促进科研成果转化为教学资源，破解科研与教学脱节的难题。依托"重电"大讲堂、科教活动周等形式，通过学术讲座、学术沙龙、学术会议、科研教育和科技文化展等活动，积极开展科研规范养成和能力提升培训，支持科研、教研成果涌现，营造"科学进教学、大师变讲师、学生成学徒"的校园文化和育人格局。依托区域经济与应用技术教育研究所，开展职业教育贯通教育、产教深度融合、专业群构建等方面研究，打造职业教育研究智库；开展区域经济与产业发展研究，运用大数据思维分析产业人才需求，实现实时动态把握人才培养需求的方向，为学校发展规划和专业定位提供决策依据，构建具有电子信息特色的科教协同育人同轨共生机制。

(五)成立服务中心优化科研服务环境,全面激发技术创新全要素活力

1.组建电子信息中小微企业技术服务中心,"四技两转"拓宽平台服务功能

围绕大数据智能化产业，依托"重电"应用技术研究院、科技成果转化中心，优化基础研究资源配置，组建电子信息中小微企业技术服务中心，通过以项目临时聘用、长期合同聘用、双向交换聘用、双岗双驻等形式，依托"多域异质物联网技术与应用"重庆市高校创新群体的技术优势，打造多支有特色的跨学科、跨专业、跨单位合作的科研协同创新服务团队，开展"四技两转"技术服务工程。重点面向生态圈、重庆电子信息职业教育集

团成员企业以及周边4大产业园区在零部件/配件开发、应用系统/设备开发等领域的科技型中小微企业需求，协同推进创新技术研发与创新人才培养，提供技术开发、技术服务、技术咨询、技术培训、成果转移与转化、校企联合项目申报等服务，为技术技能创新服务工作展示更多"样本"，提高学校服务中小微企业能力。

2.精耕高质量科研成果产出,提高科研成果转移转化率

为解决高职院校大部分科研成果量上"好看"、质上"难吃"的顽疾，学校在科研工作量考核、项目结题、成果资助、职称晋升、岗位聘任等方面亮出利剑。腰斩"唯论文""搭积木"等批量生产式的机械学术行为，以保护原始创新、优化专利质量和促进成果转移转化为导向，强调"代表性成果"和"突出贡献"，对高质量、高效益成果实行"滴灌式"的精准扶持、持续支持；对无价值、低效能成果实行"不统计、不加分、不奖励"的"三不理"政策，完善科研成果转移转化工作机制，从而促进科研成果实现质的突破。

3.深化科研体制机制改革,激发技术创新全要素活力

为激发教师的斗志和热情，解决大部分高职院校的科研资源少，科研水平相对薄弱等系列问题，着眼职业院校学生培养时间较短，老师科研单打独斗的现状，结合"放管服"改革，以提高技术技能积累、实现创新引领为出发点和落脚点，突出顶层设计，完善科研管理服务体系。赋予科研人员灵活的人、财、物以及科研成果的所有权、使用权以及收益分配等处置权限，建立以质量和贡献为导向的分类科技评价机制，强化科研诚信管理，完善技术积累和创新服务激励机制，进一步规范成果转化操作流程，激发科研人员创新热情；从而构建具有"重电"特色的多元治理的科研运行保障机制，为技术技能创新服务全程护航。

四、"大人物"①对接智能产业链,打造高水平专业群

学校秉承主动服务国家战略、密切融入区域经济社会发展的理念，服务重庆市以大数据智能化为引领的创新驱动发展战略行动计划，抓住重庆作为首批"国家数字经济创新发展试验区"的历史机遇，着眼"芯屏器核网"全产业链、数字经济、"云联数算用"要素集群等地方战略，充分发挥学校电子信息和智能化专业特色，立足新一代信息技术与一二三产业融合发展催生的一批新产业新业态新模式，聚焦传统产业在数字化转型过程中产生的"数字化产品转型""数字化服务转型""数字化运营转型""数字化营销转型"等领域高端

① "大人物"指大数据+人工智能+物联网。

产业和产业高端，在专业群"高峰""高原""高岗"梯次发展的总体布局下，集中力量建设两个物联网应用技术专业群和信息安全与管理专业群率先冲击世界水平的"高峰"专业群，突出一条"链"通九州的特色定位，反哺地方经济发展，助力重庆市打造"智慧名城""智造重镇"，服务成渝地区双城经济圈，创建"数智重电"职教专业群品牌。

(一)智慧生活,物联世界——物联网应用技术专业群

物联网应用技术专业群紧密对接重庆以大数据智能化为引领的创新驱动发展战略行动计划，面向重庆市重点打造的"芯屏器核网"全产业链、"云联数算用"要素集群、传统产业数字化转型等智能产业高端或高端产业，联合中移物联网、华为、海尔、新大陆等国内知名企业，创新人才培养模式，培养专业技能过硬、具有创新意识、可持续发展能力较强的技术技能人才；聚焦智慧城市领域，在能源管理应用技术、智慧城市信息化工程技术、5G新一代信息通信系统建设与运维等领域开展技术技能创新服务，助推中小微企业技术升级与提质增效，全面服务区域经济发展，助力重庆打造"智造重镇""智慧名城"。

1.开发"平台+模块"专业群课程体系,创新"三共三享三自主"人才培养模式

面向智能终端产品设计、物联网应用开发、信息系统集成运维、移动通信网络规划优化、通信工程设计与建设等岗位，基于职业工作过程，秉承集典型岗位（群）、岗位能力、平台+模块、教学资源、技能等级证书等五要素的"五位一体"思路构建专业群"平台+模块"课程体系，服务智慧城市等领域技术技能人才与应用型高级专门人才培养需求。与中移物联网、华为、海尔、新大陆、中国信通院等行业企业以及专业群领域优势院校合作，持续深入跟踪物联网行业职业人才需求数据、职业院校专业建设数据，以"五位一体"的平台+模块课程体系为基准，依托专业核心"模块"对接物联网技术领域典型职业岗位（群）能力需求，融合相关领域"1+X"职业技能等级标准的有关内容，共同打造横向融通、纵向贯通的专业群建设与质量标准体系，以标准建设引领专业群模块课程教材开发与"模块·课程·项目"教学资源建设，打造具备物联网行业发展特色的、可推广、可借鉴的模块化专业群教学培训一体化资源库，建设教产协同、融合发展的专业群模块化教学创新团队。基于"校企共同投入、共同建设、共同管理、互享资源、互享人才、互享成果"（三共三享）产教融合机制夯实校企合作基础，结合"自主管理、自主学习、自主发展"（三自主）的育人理念促进学生个性化成长，在此基础上创新构建"三共三享三自主"人才培养模式，打造物联网智慧城市领域高素质技术技能人才培养高地。

2. 多元共建物联网技术创新服务平台,提升技术创新与社会服务能力

联合中移物联网、华为、海尔等物联网智慧城市领域龙头企业,聚焦产业链政府、行业协会、企业、院校,打造智慧城市创新生态,开展技术创新和社会服务,支撑"环重电"创新生态圈建设。一方面,打造国家级技能大师工作室、重庆市技能大师工作室、城市建筑智慧运维管理重庆市高校工程中心等高端特色科研平台,并整合中国信通院"物联地带·渝"、重庆两江新区物联网产业协同创新中心、重庆市物联网技术创新战略联盟等生态板块成员的校外高端科研创新平台,重点围绕能源管理应用技术、智慧城市信息化工程服务、5G新一代信息通信系统建设与运维、5G行业应用等方向开展关键技术攻关、应用技术服务与成果转化推广,打造技术创新特色方向。另一方面,依托国家物联网产业示范基地(重庆)、国家级高技能人才培训基地、教育部全国重点建设职业教育师资培养培训基地建设ICT社区培训和职工教育中心、职工教育中心,成立ICT社区培训和职工教育中心,开展技术普及、技术技能提升培训。利用公共媒体平台,投放科普视频,开展全民科普教育;针对职业分类教育,联合中小学校,共同开展职业启蒙教育,组织开展重庆市青少年人工智能竞赛。依托国家级高技能人才培训基地、重庆市物联网应用培训基地、重庆市电子信息共享实训基地等培训实训平台,构建技术创新与技能人才培养协同发展体系,与行业企业联合建立技术技能培训中心,积极开展技术培训,服务以中移物联网智慧城市生态链为核心的中小企业,提升专业群服务产业发展能力和社会贡献度。

3. 打造高水平专业化产教融合实训基地,形成校企共融共生共长机制

围绕重庆市重点推进智慧城市建设和国家数字经济创新发展试验区建设需要,以产教融合为核心,与中移物联网、华为等行业企业开展深入的校企合作,共同组建产教融合联盟,打造产教融合实训基地,依托海智专家"重电"工作站,发挥企业重要作用,深度开展校企协同育人改革,推进人才培养与企业联盟、与行业联合、同园区联结,推动校企依法合资、合作设立实体化机构,实现市场化、专业化运作,形成命运共同体。建立健全行业企业深度参与职业教育校企合作育人、协同创新的体制机制,构建服务支撑产业需求的技术技能人才和创新创业人才培养体系,不断提高人才培养质量。以产定教,以教促产,共同建设智慧城市、5G通信领域国家级产教融合实训基地、职业院校高水平培训实训基地,全面对接职业岗位证书("1+X"职业技能等级证书、职业资格证书、行业认证证书等),推进课程体系与培训体系一体化建设,探索形成教育和产业统筹融合、良性互动的发展格局,建立"校企共同投入、共同建设、共同管理、互享资源、互享人才、互享成果"的"三共三享"产教融合机制,实现校企共融、共生、共长,提升职业院校高水平专业群服务产业转型升级与技术革新的能力。

(二)智能网络,信安天下——信息安全与管理专业群

信息安全与管理专业群对接重庆市大数据智能化发展战略,围绕重庆市"三位一体"产业发展布局重点建设任务的网络安全技术需求,聚焦大数据智能安全产业高端组建信息安全与管理专业群,为国家信息安全、大数据、软件技术、人工智能等产业提供"复合型、创新型"高端技术技能人才支撑与保障,打造代表国家水平、世界一流的人才培养高地和技术技能创新平台,助力区域产业提档升级,引领新时代职业教育高质量发展,服务国家创新驱动发展战略。

1.聚焦立德树人,推进"高素质、高可用"技术技能人才培养新模式改革

发扬把信息安全与管理专业群党支部建在专业上的优良传统,将劳模精神、工匠精神、劳动教育、爱国教育融入课程体系,坚持技能核心与德育核心"双核心"并重原则,以培养"高素质、高可用"人才为目标,整合与信息安全技术相关联的人工智能技术服务、大数据技术与应用等5个专业优势资源,围绕大数据安全、智能安全管控等关键技术领域,调整与优化专业群结构,重构专业群"平台+模块"课程体系,在国家教学成果一等奖信息安全技术专业"双平台、双核心、双情境"人才培养模式改革基础上,进一步探索"三全育人、课程思政"育人模式和"办学主体多元、产权介入与利益共享"等产教协同方式,打造大数据安全、移动互联网安全、可信智能网络等领域需要的高端信息安全技术技能人才,构建"高素质、高可用"技术技能人才培养新模式,培养德智体美劳全面发展的"高素质、高可用"创新型技术技能人才。全面推进"高素质、高可用"高端技术技能人才培养模式改革,实施新型现代学徒制,特色工匠工坊,混合所有制二级学院,中、高、本贯通人才培养与职业教育长学制等举措。

2.创建网络安全世界技能大赛亚太区研究中心,培育具有国际竞争力高技能人才

依托中国通信工业协会全国信息安全校企联盟组织理事长单位的牵引作用,以及第45届世界技能大赛中国技术指导专家组组长的团队优势,与360等知名网络安全企业合作,充分利用学院信息安全与管理专业群"全国技术能手""信息安全等级保护测评认证专家""信息安全世界技能大赛专家组教练团队"等技术资源,通过获得国家网信办和国家人社部的支持,举行全国信息安全校企联盟技术交流会、全国网络安全行业赛和世界技能大赛网络安全邀请赛,凝聚全国高职院校信息安全及亚太地区国家网络安全团队力量,成立网络安全世界技能大赛亚太区研究中心,定期切磋交流网络安全高技能人才培养体制机制,形

成网络安全高素质技术技能人才培养共识，形成国际信息安全人才培训中心，提升学校国际知名度和影响力。

3.打造全国领先的智能安全"产、教、科"协同育人创新平台

联合长安、天津远洋航空、百度等公司，以多种交通场景、多种智能交通工具、多种道路智能传感网为研究对象，融合移动通信、人工智能、大数据、云计算、信息安全等技术，实现车与周边复杂环境的信息交换和协同处理，构建"汽车-道路-信息网"智能安全综合创新平台，为大数据智能化安全应用技术研发、技术服务和学生实践提供平台。以此平台为载体，打造全国领先的智能安全创新研发中心、重庆大数据智能化安全应用示范展示中心以及大数据智能化安全应用科普中心，助力成渝地区双城经济圈的智能安全产业。

五、开拓"212"教师发展路径，打造高水平双师队伍

以"双高"建设为契机，高质量贯彻落实《国家职业教育改革实施方案》《深化新时代职业教育"双师型"教师队伍建设改革实施方案》政策措施，搭建"212"教师发展路径[①]并全面实施。聚焦"双师型"教师队伍建设难题和"短板"，在师德师风、分层分类发展、教师专业标准、教师数量、培养培训、考核评价等方面，建立完善的体制机制，打出"组合拳"。在贯彻执行职业教育改革政策的基础上，将教师整体理论水平和实践能力提升与拔尖人才和团队培育相结合，引导教师分层分类发展，培养一大批省部级及以上拔尖人才和团队。建设一支与国际职业教育形势、区域经济社会发展需要和学校发展相适应的师德高尚、数量充足、专兼结合、精干高效、富有创新性和国际竞争力的高水平双师队伍。

(一)实施"榜样计划",构建师德长效机制,提升师德师风水平

制定《师德师风负面清单和失范行为处理办法》《师德师风考核实施办法》等制度办法,健全"教育、宣传、考核、监督与奖惩相结合"的师德师风建设长效机制,建立最美教师、黄大年式教师团队遴选与管理办法等制度,定期开展"师德师风先进个人""教书育人楷模""优秀教师""最美教师""黄大年式教师团队"等评选;将师德师风作为评价教师队伍素质的第一标准,常抓不懈,贯穿于人才引进、培养培训、职称晋升、绩效考核、推优

---

① "212"教师发展路径指实施2个计划、1个工程、2个行动,即"榜样计划、翔越计划、桥梁工程、青苗行动、破壁行动"。

评先、表彰奖励等全过程，实行师德师风失范"一票否决"，既严管，又厚爱，让教师真正做到为人师表、成为道德模范；建设一支高素质、专业化的思政课教师队伍（思政教师生师比达到350∶1）；建设一支专业化、职业化的辅导员队伍（辅导员生师比达到200∶1），不断提高两支队伍的政治素质、专业水平和职业能力，落实立德树人根本任务；加大对师德师风先进典型的宣传力度，邀请校内外师德师风先进典型人物开讲；所有培训项目设置师德师风模块，开展师德师风专项培训。

(二)实施"翔越计划",优化人才培养体系,培育跨界人才梯队

持续修订完善并继续实行《"双师素质、双师型、双师双能型"教师资格认定及管理办法》；将双师素质、双师型、双师双能型教师资格等纳入评选标准，制订有标准、有任务、有支持、有考核的"重电杰青、重电能手、重电大师、重电领军"人才遴选及管理办法，并逐年遴选培育"重电杰青"100人、"重电能手"50人、"重电大师"20人、"重电领军"10人，实现教师分层分类发展；制订校级教师教学创新团队的遴选及管理办法，按照"专兼结合、双师组合"的思路，着力打造"双师"结构团队，解决教师"单兵作战"团队不足的问题。

(三)实施"桥梁工程",创新专兼聘用模式,繁育双师教学团队

进一步完善《外聘教师聘任与管理办法》《教师到企业或实训基地实训管理办法》等规章制度；建立"固定岗+流动岗"的用人模式。"固定岗"为学校根据工作需要招聘的教师，"流动岗"是与合作企业、产业二级学院，联合招聘的具有学校教师和公司员工双重身份的教师。"流动岗"教师每周、每月或每学期，分段在学校和企业工作，校企共同制订准入标准、发展标准、考核标准;与企业合作共建"双师型"教师培养培训基地。基地员工能到校兼职任教，基地能接收学校教师顶岗实践，改变"私对私"或"公对私"聘请兼职教师的现状，有效促进教师开展企业顶岗实践;推行"访问工程师"计划。组织教师到企业长期（3个月以上）挂职实践锻炼，继续实行教师每年至少1个月（每5年不少于6个月）在企业或实训基地实训。落实"双师型"教师发展路径;推行"企业导师"计划。聘请以行业企业领军人才、大师名匠和技术骨干为主的兼职教师到学校从事师资培养和教育教学。保障兼职教师数量充足结构优化。

(四)实施"青苗行动",完善教师培育机制,促进人才多元成长

健全教师管理制度。制订完善《公开招聘管理办法》《教职工培养培训管理办法》等规

章制度，调整教师准入标准，对技术技能人才适度放宽学历要求；建立教师专业标准。将教师专业标准作为教师素养的基本要求，教师开展教育教学活动的基本规范，教师专业发展的基本准则，教师准入、培养、培训、考核等工作的基本依据；建设教师发展中心。利用学校现有工作基础与资源，建设集培训、咨询和研于一体，具有电子信息类高职院校特色，在国内高职院校中发挥示范、引领作用的教师发展中心；建立教师培养培训体系。对标教师专业标准，利用人事管理信息平台，辅助教师进行自我画像，指导教师进行职业生涯规划，有针对性地开展培养培训，实施教师5年一周期的全员轮训制度。解决师资培养培训随意性、碎片化、拼凑式的问题；实施十大培养培训计划。一是"1+X"专业教师高级职业技能（等级证书）培训计划；二是骨干教师国际化培养培训计划；三是骨干教师双语教学能力培养计划；四是管理人员能力提升计划；五是专业教师技术技能培训计划；六是专任教师教育教学能力培训计划；七是专任教师科研与社会服务能力提升计划；八是教职工信息化素质与能力提升计划；九是教师学历（博士）提升计划；十是其他专项培养培训计划；加大人才培养力度，提升教师研究能力，打牢高层次人才基础。预期成效：建成教师专业标准，为教师培养、准入、培训、考核提供基本依据；多元培养体系效果凸显，人才引进水平进一步提高，师资队伍竞争优势明显。

（五）实施"破壁行动"，创新考核评价机制，提升教师队伍活力

创建"333"教师分类发展和绩效考核机制[①]。修订完善《绩效考核及分配办法》与相关配套制度，调整二级学院绩效切块因素与比例，将师德表现、教学水平、应用技术研发成果与社会服务成效等纳入教师考核评价体系；修订完善职称评审、岗位聘用等相关制度。将师德师风、工匠精神、技术技能和教育教学实绩等作为职称评聘的主要依据；修订完善《非在编人员管理办法》。采取编制外招聘教师的方法，突破编制数，增加教师数量，改善生师比不合理的现状；设立专职科研岗，对在聘专职科研人员实行年薪制，提升广大教师尤其是博士参与科研工作的积极性；推进人事工作信息化建设。改变教职工重复提交数据的现状，实现数据共享，让数据多跑路、职工少跑路。

---

① "333"教师分类发展和绩效考核机制指根据学校发展需求和教师优势特长，将教师分为"教学型、教学科研型、科研型"3种发展类型；建立以能力水平和业绩贡献为导向、以目标管理和目标考核为重点，基于常规性、改进性和发展性工作有机结合的绩效考核评价体系，以考定岗、以岗定薪，将考核结果分为3个等级和3个档次。

六、创新"产权介入、效益分享"机制，提升校企合作水平

依托重庆电子信息职业教育集团，瞄准重庆智能产业"芯屏器核网"全产业链，探索基于相互需求、产权介入与效益分享的产教深度融合体制机制，深化重庆电子信息职业教育集团"平台+实体"运行模式。加强与电子物联网等行业，华为、海尔、长安等领军企业，西永微电子产业园等园区，信息安全等科研院所多主体密切合作[①]，按照多元化投入、标准化建设、区域化共享、实体化运作的原则，通过需求融合、组织融合、资源融合、技术融合、团队融合、文化融合，着力打造一批以资金、场地、设备、技术、人才等多元化投入、实体化运作、产教深度融合的产业学院和实训基地，构建"行企园所校"命运共同体。实质性推进协同育人和社会服务。

重点打造重庆电子信息职业教育集团，引入民办非企业单位的法人制度，探索"平台+实体"职教集团运行机制，重点搭建专业联盟、工作委员会双平台，力推建设产业学院、实训基地双实体，引领学校的产教融合、校企合作工作，建成国家级示范职教集团；重点打造"重电"曼恒数字产业学院，探索以企业技术介入为主、产权介入为辅的方式组建混合所有制特征产业学院。通过产业学院实体化管理运营，系统构建混合制特征产业学院协同育人的制度、机制和经验等，推动学校产教深度融合，校企共建10个以上具有混合所有制特征的产业学院，在全国范围内具有一定影响力；重点打造"重电"汽车智造产教融合实训基地、"重电"智慧商贸产教融合实训基地和"重电"华为ICT产教融合实训基地，探索"五共五融""一点多地"和"线上线下"等运营模式，形成推广性强、适用性高的产教融合实训基地运营体制机制。推动学校建成10个以上产教融合实训基地等，具备服务地方产业、区域辐射引领作用。

(一)创新"平台+实体"职教集团运行机制，发挥示范引领作用

1.建立稳定、高效、务实的集团运行机制，建成国家级示范职教集团

在"双高"建设期内，力争职教集团注册为"民非"或事业单位，建成国家级示范性职教集团；加强人员配备，改善办公条件，优化内部管理，加强资源配置、财务与产权、集团成员进入与退出等制度建设，完善决策、执行、协商、投入、考核、监督等工作机制，

---

① 胡敏,向红梅,莫绍强,等."平台+实体"集团化办学运行机制的实践与探索[J].中国管理信息化,2020,23(9):214-216.

建立起职教集团稳定、高效和务实的运行机制、体制。通过平台+实体的建设模式，在办学模式、治理结构、运行机制、服务技术技能人才培养和经济社会发展能力等方面发挥示范引领作用。

2.建设职教集团信息化共享平台，提升数字化管理水平

建设数据齐全、功能强大、互动好用的职教集团信息化共享平台。实现用户体验中心、服务一体化平台、资源云平台、微管理流程平台、综合认证管理平台、基础管理平台、数据标准流程平台和大数据集中管控平台等业务系统集中统一管理；同时整合教育管理部门、行业管理部门、劳动就业保障部门、企业、学校、科研院所相关资讯，为集团化办学提供了资源共享、信息互通、利益同享、协调发展的中枢和平台，为职教集团的政、行、企、校、研各个环节的业务优化提供基础信息接口。

3.推动集团内资源共建共享，搭建人才培养"立交桥"

协调集团成员单位在实习实训基地、专业、师资、课程、教材等方面共建共享，推动集团内部学校之间学分互认，通过校企联合培养、现代学徒制、冠名班、订单制等形式提升人才培养质量。协调和推动企业通过土地、房舍、资产、资本、设备、技术等积极参与人才联合培养，推进集团化办学向实体化方向发展。以"利益链"为纽带，促进校企双赢发展。强化校企合作、贯通培养，系统培养技术技能人才，广泛开展职业培训，建设畅通人才成长"立交桥"。

4.成立科技成果转化(孵化)中心，推动科技成果转化应用

与"环重电"创新生态圈建设深度结合，成立重庆电子信息职教集团科技成果转化中心（孵化中心），加速集团科技创新成果产业化、市场化进程。建立和完善科研人员收入分配制度，加强新型产学研合作，支持有关高校按照"风险共担、收益共享"的原则，扶持科研人员对科研成果进行后续试验、开发、应用、推广直至形成新技术、新工艺、新材料、新产品，发展新产业。完善集团科技成果转化年度统计和报告制度。推动高职院校与大中型企业的深度合作，开展合作研究，共建技术工艺研发平台、科技成果转化中心等，促进新技术、新工艺、新材料、新装备的应用，加快先进技术转化和应用落地。

5.聚集集团化办学平台资源，打造有影响力的产教联盟

进一步提升"中国通信工业协会信息安全与云计算校企联盟""重庆通信行业校企联盟"等6个专业联盟和"成渝地区双城经济圈产教融合发展联盟""长江经济带产教融合发展联盟""华为ICT产教融合联盟"等联盟的资源聚集和融合作用。服务成渝地区双城经济圈国家战略，联合成渝地区高等职业院校、科研院所和骨干企事业单位共同发起成立"成

渝地区双城经济圈产教融合发展联盟",在人才培养、科技创新、社会服务、文化交流等方面开展深入合作,促进教育链、人才链与产业链、创新链的有机衔接,推进人力资源供给侧结构性改革,加快构建成渝地区双城经济圈现代职业教育体系,共同打造成渝地区双城经济圈职业教育命运共同体。

(二)共投共建混合所有制产业学院,实质推进协同育人

依托职教集团和"行企园所校"命运共同体,以企业技术介入为主、产权介入为辅的方式,建设混合所有制的曼恒数字产业学院,构建"校企融合下的135产业学院建设运营机制"。校企合作推动产教深度融合,完善"1个中心,3个基地,5大方向"运营机制,共同打造技术技能人才培养平台+企业项目生产运营实体机构。以现代学徒制为切入点,解决职业教育过程中,教育教学与社会实践严重脱节、人才培养与行业需求无法统一等问题;通过产业学院实体化管理运营,系统构建起混合制产业学院协同育人的创新机制,增强数字内容技术技能人才行业竞争力,助推新时代数字内容创新创业平台建设。

1.紧贴产业数字化进程,打造数字产业的"新引擎"

以虚拟现实应用技术国家教学资源库建设为契机,依托重庆市职业教育学会传媒艺术专业委员会为平台,紧密联系优质行业企业与相关院校单位,组建全国虚拟现实产教融合联盟,建设数字项目孵化基地。统筹VR+数字项目孵化,联动数字新文创业务,展开新文创长线规划,从线上到线下,把技术研发、虚拟现实产业生态、文创产业联动和IP实景化统一有机结合,推动优质文化资源数字化转化开发、文化场馆数字化智能化改造,增加数字内容供给;吸纳数字文创行业企业,培育产教融合型优质企业,推动数字内容生态联营共享,形成品牌和产业创作的聚集区,致力于打造新时代数字产业的"新引擎"。

2.发扬数字工匠精神,助力数字创新项目落地生根

以曼恒数字产业学院为基础,紧扣国家数字产业布局,强化产教融合,依托行业优质企业项目,建设VR+数字内容生产工坊。完善曼恒数字产业学院运营机制,发扬"数字工匠精神",引入企业项目,开展营销工作,推动项目生产,带动区域内近30余所高职院校协同发展,服务地方经济;发挥校企协同育人作用,强化人才培养培训工作,挖掘、培养、扶持数字内容创作人才(团队),推动数字内容生产人才体系建设;紧密结合重庆市实施以大数据智能化为引领的创新驱动发展战略行动计划,开展数字内容生产、推动数字内容的成果转化,让更多数字创新项目在重庆"落地生根"。

3.增强数字内容行业竞争力,打造新时代数字内容创新创业平台

顺应文创数字化转型趋势,以重庆南滨路国家级文化产业园西部拓展区建设为契机,深化与国内外知名行业企业(机构)合作,建设数字内容创新工作站。发挥工作站创新优势,充分为重庆数字产业"引智",助推科研水平能力建设,提升科研开发能力,支持数字产业高质量发展、行业转型升级;做好数字内容研发、生产及输出工作,推动技术创新与成果转化能力,着力打造数字内容"项目孵化—产品生产—成果转化—人才培养—技术革新"为一体的新时代数字内容创新创业平台。

(三)创新产教融合实训基地"合作共治"运营模式,发挥服务区域发展功能

1.探索"五融五共"运营模式,建设智慧商贸产教融合实训基地

建设智慧商贸产教融合型实训基地,构建校企深度融合模式。依托阿里巴巴、京东、秀山电商物流产业园等合作企业/园区产训一体化合作项目,按照人才培养方案"平台+模块"课程体系,统筹"政(府)—园(区)—行(企)—(学)校"资源,建设集"产学研创训赛"六大功能为一体的智慧商贸产教融合型实训基地,通过平台赋能、项目驱动、产学研创训赛多元互动,实现文化共建、人才共育、过程共控、责任共担、利益共享"五共";产教组织融合、产学内容融合、产研活动融合、创赛项目融合、训教要素融合"五融",为培养智能物流、数字贸易、金融科技等高技术技能人才提供支撑平台,助推重庆建成"一带一路"重要流通节点和长江上游地区现代商贸中心。

依托真实生产任务的实践平台,打造校企命运共同体。针对目前现代商贸业人才培养错位、职场角色转换周期长,实践能力欠缺等问题,联合阿里巴巴、京东、猪八戒网等国内知名企业以及秀山物流产业园区,共同打造阿里巴巴CRM系统、京东商业平台、猪八戒商务平台等实践平台,集成物联网、大数据、机器学习、云计算、区块链等新技术运用场景,将企业网络营销策划岗、网络销售岗、电商客户体验岗、客户服务岗的真实工作任务转化为实习实训课程内容,在完成真实工作任务过程中,实现学生技能迭代改善、职业素质提升,职场角色转变;企业获得新的利润增长点、后备人才储备以及社会价值认同;学校培养的学生掌握的技术更加先进、实战能力更强、企业满意度更高,校企相互支撑,形成命运共同体。

拓展基地服务功能,助推本地产业换挡升级。充分利用学校现有人工智能、大数据工科背景,与京东物流等知名企业合作,进行智能物流机器人、物流大数据商贸业应用场景研究,解决产业高端创新人才紧缺的迫切问题,在应用场景研究过程中,不断培养学生创新创业精神，把握商业机会的能力，孵化创业企业，参与创新创业大赛；联合京东等基地内知名企业，为重庆中小型企业、新型农民工、专业军人开展电子商务、智能物流等新商科专业技术技能培训，改善产业生态环境；依托金蝶/浪潮等知名财务公司，开发财务机器人，同时为中小企业开展互联网金融/财务等咨询服务；把基地建设过程中的创新点、难点痛点解决方案形成专利、研究课题、教学资源，在行业企业、兄弟院校进行推广应用，形成引领示范作用。

2.探索"一地多点"运营模式，建设汽车智造产教融合实训基地

加强校企合作，探索产教融合实训基地运行机制。通过与中汽研、长安汽车、清研理工、渝江压铸和潍柴动力等知名企业和研究机构合作，全面掌握汽车整车及零部件企业和研发单位对技术技能人才的需求，挖掘相对较高要求的专业技术技能要素，建设汽车智造产教融合实训基地。同时，总结我校汽车制造与装配技术专业在现代学徒制试点方面的经验，推广汽车智造专业群中的其他相关专业，联合企业积极开展汽车智造专业群现代学徒制试点人才培养，共同开发专业群标准和课程标准，探索汽车智造产教融合实训基地运行机制。

广泛调研汽车生产要素，建设真实环境下的汽车装配线。结合车体上线、汽车内饰装配、汽车底盘装配、汽车最终装配、油液加注、整车下线、整车下线检测等实际生产环节全过程，促进汽车制造与装配技术、工业工程技术、机电设备维修与管理、工业机器人技术和机电一体化技术等专业群学生熟悉汽车制造相关专业知识，同时结合企业需求，打造适合企业员工培训的操作环境，提高学生及学员在现实工作环境下的技术技能，联合企业建设汽车装配线。

根据汽车装配线的实际操作流程，建设专业核心课程资源。通过建设完成汽车装配线，辐射汽车制造与装配技术、工业工程技术、机电设备管理与维修和机电一体化技术等汽车制造专业群的人才培养，并面向在校学生、农民工、退伍军人和企业员工等不同层次和等级的需求，结合国家推行的三教改革要求，积极编制新形态、活页式、工作手册式教材，大力建设切实可行的在线课程，联合企业共同建设专业核心课程资源。

坚持德技并修、工学结合，打造智能制造虚拟工厂。随着国家职业教育改革实施方案的落实，我国迫切需要大量的高层次技术技能人才。为提高技术技能人才培养力度，提升全要素生产力，国家即将开展职业教育长学制试点。结合汽车及零部件企业在应用技术人才的需求，积极探索工业工程技术、汽车制造与装配技术等专业的职业教育长学制，依托智能制造虚拟工厂培养高层次技术技能人才。

3.探索"线上线下"运营模式,建设ICT产教融合实训基地

建立"重电"华为ICT产教融合实训基地，助力ICT产业人才培养。依据人才培养方案的"平台+模块"课程体系，在现有的ICT综合实训基地基础上，按照新一代信息通信产业发展趋势，持续构建以公共基础实训基地为基础，企业网络实训基地、通信技术实训基地（包含5G+实训基地）、智能计算实训基地为核心的符合ICT产业人才需求的"重电"华为ICT产教融合实训基地。牵头成立华为ICT产教融合联盟，引进华为技术有限公司先进的管理和运营理念，以泰克教育集团入驻"重电"为途径，共同实现对实训基地的建设运营管理，保证实训基地的产业人才培养标准化、实体化、共享化，为ICT产业人才培养提供强有力支撑。

校企共研共用产教融合云+双创云平台，推动华为ICT生态圈建设。针对目前ICT人才供需错位、岗位和人才画像缺失等问题，联合华为技术有限公司、泰克教育集团，共同研发搭建人才求职与企业需求桥梁的产教融合云平台。产教融合云平台实现对ICT人才、岗位进行大数据智能画像，将企业岗位的素质要求转化为人才培养的课程内容，人才与岗位智能推荐、匹配。由于现有课程资源和师资力量很难适应ICT产业快速发展，联合泰克教育集团推出双创实践云平台，集成5G、物联网、大数据、机器学习、云计算、区块链等新技术课程资源，和鲲鹏计算平台、EI智能体、华为开发云、IoT物联网等华为云平台实践操作。基于校企共研的线上双创云平台和产教融合云平台将ICT人才扩展到重庆万盛经开区、重庆永川区、重庆仙桃数据谷，以及英国雷丁大学、韩国汉阳大学等政校合作单位，实现实训基地的"一地多点"，推动华为ICT生态圈建设。

拓展基地合作半径，助力区域经济内涵发展。充分利用"重电"华为ICT产教融合实训基地硬软件资源，与泰克教育集团共同开展华为HCIE高技能人才培养、高素质双创人才培养，解决产业高端人才紧缺的迫切问题；联合华为技术有限公司，共同为华为ICT生态链企业提供技术服务，助力万盛经开区、永川区等城市数字经济快速发展；联合华为技术有限公司和泰克教育集团，开展网络系统建设与运维、智能计算平台应用开发等多个"1+X"试点的师资培训和认证考核；校企共建5G、网络安全、人工智能科普基地,面向中小学开展ICT科普教育、职业启蒙教育，提高中小学生和社会公众的科技素养，建设成集人才培养、成果转化、创新孵化、"1+X"认证培训于一体的"一地多点、线上线下共享"的华为ICT产教融合实训基地。

七、"五个面向"分类施策，提升服务发展水平

为完善社会服务体系建设，学校坚持学历教育与职业技能培训并重。注重实效，围绕服务稳定和扩大就业，紧贴区域、行业、企业和个人发展的实际需求，保障培训的针对性和实用性。坚持扩大规模、提升质量、敞开校门，面向社会广泛开展培训，推动学历教育与培训相互融合、相互促进。坚持统筹资源，协同推进，加强政企校园统筹协同、产教之间融合联动，大力提高学校的社会服务能力和水平。积极探索N+1的职业培训与继续教育共融的终身学习模式，形成终身职业技能培训制度和终身职业继续教育体系。

坚持为中国西部（重庆）科学城、成渝地区双城经济圈和长江经济带、"一带一路"倡议等提供服务，以产教深度融合、校企合作为路径，加强服务平台建设和服务项目开发。面向全体劳动者特别是重点人群及技术技能人才紧缺领域，开展大规模、高质量的职业培训，加快形成学历教育与培训并举并重的办学格局，为实现更高质量和更充分就业提供有力支持。开展"精准授渔"赋能工程、"校企共育"培养工程、"职业工匠"科普工程、"科技小店"帮扶工程、"邻里守望"服务工程。利用国家学分银行，实现职业培训证书获得的学分与学历学分互换，促进职业培训和学历教育的有效衔接，形成职业培训与继续教育共融的终身学习模式，打造国家职业院校标准化继续教育（职业培训）高地。

(一)探索N+1终身学习人才培养模式，建设社会服务与培训高地

通过建设高水平的培训团队、培训基地、培训课程，完善继续教育服务管理平台，面向企业、教师、青少年、重点人群和居民开展职业培训、师资培训、科普宣传、扶贫扶弱、社区服务等，将职业技能培训与学历继续教育有机融合，探索N+1终身学习人才培养模式[①]，推进标准化服务建设，创建国家级职业院校标准化继续教育（职业培训）基地。

(二)面向企业职工，实施"精准授渔"服务工程

为服务国家"制造强国"和"稳就业"等战略，通过与园区共建职业培训中心、与企业共建企业大学和在校建设高水平培训实训基地和继续教育基地，面向企业职工分类分级开发职业培训资源。在人工智能、大数据、云计算、物联网、工业互联网、建筑新技术应用、智能建筑、智慧城市等领域，通过在线学习、送教入企、定制开发等途径，开展企业

---

① "N"指将各类社会培训课程在继续教育服务管理平台转化为学分，"1"指通过学分取得继续教育学历证书。

新型学徒制和职业技能提升培训等补贴类培训、中小微企业职工培训和市场化社会培训等典型项目，特别是加大对困难企业职工转岗转业培训力度。依托泰国的鲁班工坊、乌干达的国际产业学院、园区产业培训中心等基地，面向国外企业及海外投资企业培养具有国际化技术技能人才。与长安汽车股份有限公司深度共建"长安汽车大学"企业大学，建立产业园区继续教育（职业培训）中心与职业院校高水平培训实训基地。

(三)面向职教师资,实施"校企共育"培养工程

依托"国培、新一代电子双基地、校企共建企业大学"，打造双基地培养、双情景学习、双导师辅导、多岗位锻炼的"校企共育"模式。开发电子信息产业类新教师上岗培训、专业培训、专业教师技能提升、课程开发和教育方法等培训包，依托大师工作室、教学名师建成培训名师和名优团队，组织参训教师定期外出参加能力提升培训交流，到企业实践，参与企业项目工程、技术研发等活动，提升实践教学能力，使参培教师能驾驭"校、企"两个讲台。将师德师风教育、工匠精神、国际化视野纳入培养过程，推动教师走出国门，在境外学习研修。帮扶兄弟院校共同发展，为国家培养一大批能够同时承担学历教育和培训任务的职教教师，适应"双岗"需要的教师。

(四)面向青少年,实施"职业工匠"科普工程

为加强工匠精神的正面引导作用，促进青少年树立正确的职业价值观，认识职业信念的重要性、理解职业的多样性、探寻学业与职业的关联性、了解人职匹配重要性，依托专业实训室建设融合专业文化传播、艺术展示、体验和教育培训功能于一体的机器人等科普基地，成立科普宣传自愿服务队，面向青少年，开展展馆参观、专业历史专题讲座、技能比赛、组装职业体验等活动，辅助青少年提升对相关专业、职业的认知，为培养精益求精、技艺高超、专注敬业，又适应新时代职业发展所需的"职业工匠"播下种子，为培育新一代信息技术职业理念进行启蒙教育。

(五)面向农业农村,实施"科技小店"帮扶工程

助推乡村振兴发展，深入开展科技精准扶贫，通过线下线上帮扶助力脱贫攻坚，大力培育高素质农民和农村实用人才。与巫溪、秀山、南川等地方政府合作共建"科技小店"，线上为其提供科普宣传、网上技术培训咨询和"巫溪小店"农产品电商平台，线下向其派专人驻村，在村建立科技应用宣传推广点、开展新技术宣传、资料发放、技术咨询、技术培训和实体小店农产品宣传，重点开展新型职业农民培训和电子商务、乡村旅游等专业高

职扩招职业教育。通过"企业学区""移动教室""大篷车""小马扎"等方式把技术送到农村和群众家门口。

(六)面向重点人群,实施"邻里守望"服务工程

为提高人民群众生活品质,通过建立社区学院、老年大学和社区康养服务中心等开展社区教育、文化素质、消防安全、心理健康、兴趣爱好等分类开展继续教育与培训服务。为中老年人开展康复辅助咨询、健康照护服务和兴趣培训;对社区居民开展文化宣教培训等活动;对退役军人开展高职扩招职业教育或职业技能培训;对失业人员等开展家政、护工、电商、快递、手工等领域岗前培训。

八、"四共协同、六化一体",提升学校治理水平

借鉴现代治理理论,突出跨界开放属性和类型教育特征,坚持权益攸关方"共商、共建、共治、共享"原则,完善以学校《章程》为核心的现代高职学校制度,健全"党委领导、校长负责、教授治学、民主治理、多主体融入"的现代治理体系,"四共协同""六化一体"整体推进学校治理体系和治理能力现代化,把学校建设成为"中国特色高水平高职学校现代治理的标杆校"。

(一)完善学校《章程》统领的制度体系,推进治理法治化

严格贯彻执行党委领导下的校长负责制,以学校《章程》为内部治理体系基本准则,持续推进学校《章程》的学习宣传和贯彻实施;紧扣职业教育类型特征和职业教育长学制特色,修订完善学校《章程》;实施学校《章程》监督机制,形成学校《章程》执行与落实情况报告;推动制度的"废改立",形成动态调整机制,定期编制新版《制度汇编》;以信息系统为支撑,完善学校内部控制体系;建立重大决策事项督查督办机制,定期发布重大事项执行报告;构建形成规范统一、分类科学、层次清晰、运行高效的规章制度体系。

(二)构建权益攸关方多主体融入机制,推进治理多元化

优化理事会组成,重视政府、学校、行业、企业、校友等各方参与,扩大理事会覆盖面和影响力;完善理事会《章程》,健全理事会工作机制,讨论审议学校事业规划、学科建设、专业设置等重大事项或改革举措,充分发挥理事会的决策咨询功能;通过创新"产权介入、效益分享"机制、深化"平台+实体"职教集团运行模式、打造混合所有制产业学院、建设"五共五融"产教融合型实训基地等方式,在更大范围内组合优化各类资源,进

一步拓展延伸学校服务时代发展、产业转型升级的功能。构建"校院地"三位一体校友工作（服务）体系，打造"校友+（精准扶贫、双元育人、融合发展）"模式，充分整合资源，为校友、学校和地方经济社会发展赋能。

(三)深化校院两级治理结构改革,推进治理协同化

按照"学院办学校"的思路，持续推动校内"放管服"改革，进一步理清校院两级管理职责，梳理各类管理权限；推动管理重心下移，突出院系办学主体地位，扩大其办学自主权和资源统筹能力；深化校院两级改革，建立权力清单、责任清单和负面清单，确保事权相宜、权责一致；进一步深化以群建院改革，授权赋能专业群，探索专业群之间的合作机制建设，以专业群课程模块（模组）为单位组建跨专业教学组织；进一步优化绩效工资分配办法，建立与现代大学制度相适应的二级单位绩效分配制度，确保学校教育事业发展方向；积极打造"大格局、大学院、大管理、大保障"的校院两级内部治理格局，进一步激发院系办学活力。

(四)优化内部质量保证体系建设,推进治理自治化

进一步完善和优化规划及任务分解体系、职责及标准体系、内部质量保证激励制度体系、数据采集及服务体系和内部质量保证评价体系，促进目标链、标准链、数据链、制度链和评价链五链"链和"，提高学校质量保证的科学性、完整性、系统性、有效性和主体性，建成引领性的、量化的内部质量保证体系，培育"人人主动、人人创造、人人卓越"的内部质量保证文化。建立全方位支撑内部质量保证体系的智慧校园综合信息平台，创建校园、办学和教育新形态，增强师生员工的质量自主保证获得感。

(五)提高数据应用和管理水平,推进治理智能化

以信息化为依托推进"优化事务办理效能"改革，梳理优化涉及教学管理、科研统计、财务报账、学生服务、工作审批等环节的工作流程，建立"一站式"线上线下办事服务大厅，努力实现服务事项办理"最多跑一次"。以数据价值驱动学校高质量发展为目标，通过深入挖掘和分析数据的潜在信息和规律，形成校内各单位间资源共享、协作攻关的动态合作机制；建立健全学校数据治理制度体系；构建基于数据服务创新的智能化管理的决策指标体系、监测预警指标体系和规范的数据使用权限管理制度体系。实现"业务场景数据化、数据场景业务化"的数据治理模式，形成"数据即资产"的数据治理文化。

（六）完善民主监督保障机制，推进治理民主化

优化学术委员会组成，重视专门工作委员会，组建学术分委员会；健全学术委员会工作机制，清晰界定工作内容和边界；定期研制科研数据总结与分析报告，讨论审议事业规划、学科建设、专业设置、学术评价等学术重大事项或改革举措。组建校院两级专业（群）建设委员会，完善专业（群）建设工作制度和流程，制订专业（群）建设规划，修订《专业（群）动态调整管理办法》；定期召开专项工作会议，研究专业设置与撤销，审定人才培养方案；建立与校外委员定期联系制度，提高行业（企业）专家参与的积极性。组建校院两级教材选用委员会，制订教材建设规划，组织编写和申报国家规划教材；建立选用目录制，完善教材准入机制，从"源头"严抓教材质量；建立选用程序，完善教材日常管理机制，从"过程"控制教材规范。完善校院两级教代会工作制度和程序；加强教职工诉求收集，完善提案征集处理制度，有效落实教代会基本职权。进一步完善学校党务、校务公开制度，探索建立师生列席涉及切身利益事务决策性会议的制度，发挥师生参与学校民主管理的作用。

九、建设高水平"智慧重电"，助力治理水平及人才培养质量提升

以数据为抓手，用数据治理、数据服务，全力升级和打造"重电"大数据中心、在线服务中心、智慧决策支持中心。彻底消除学校信息孤岛，保证信息安全。整体提升学校智慧校园水平和基于信息化的学校治理服务效能；实现管理高效、有效，服务贴心、暖心[①]；全面推广线上线下混合教学，改革教学模式，助推教学水平显著提升。建成数据开放共享、资源优质丰富、治理透明高效、服务便捷周到、信息安全可靠的高水平"智慧重电"。探索和深化学校体制机制改革，建立健全适应"双高"建设发展的科学的信息化体制机制，以此统领推动信息化支撑人才培养的全过程，促进教学现代化；推动信息化支撑学校管理服务水平和效率提升，增强师生获得感；推动数据治理消除信息孤岛，实现数据共享，支撑学校决策科学化。用智能高效便捷的管理服务和基于数据价值的科学决策推动人才培养质量提升。

---

① 朱强,李法平,胡幻,等.重庆电子工程职业学院智慧校园综合信息平台"教、学、研"共生型自主研发模式探索与实践[J].世界教育信息,2019(23):29-35.

(一)改革体制机制,探索信息化科学发展有效路径

一是研究并实施高职院校首席信息官（CIO）体制改革。着力解决学校信息化职能条块分割、分散建设、缺乏有效有力统筹等问题，加强数据统一和信息共享，消除信息孤岛，学校信息化建设从数字校园向智慧校园迈进。借鉴国内外高校的信息化成功经验，实施首席信息官（CIO）体制改革，合理充分赋权CIO，统筹统揽信息化建设决策、资源调度、资源保障等方面工作。基于CIO体制建立信息化决策、管理、执行三层工作体系和机制，合理定位信息化部门职能，加快职能转型，实现学校信息化建设决策科学、统筹有效、执行有力。

二是探索和构建职业院校"教学研共生型"信息化自主建设模式。针对信息化项目式建设的短期效应和承包团队跟进需求的难题，充分发挥学校信息类办学特色和专业优势，组建相对稳定的专业技术研发团队和灵活多样的师生研发小组，采用现代学徒制形式，以需求和问题为导向，将学校信息化应用研发与专业教学以及研究相结合，达到教学研与信息化应用开发共生共进，相辅相成，满足学校信息化建设的个性化需求。该模式的探索和实践也能够为学校大数据、软件技术等专业人才培养提供切实便利的校内实践教学支持，实现信息化建设有特色、有成效，教师教学有成果、有成就，学生学习有实践、有收获。

三是建立健全配套运行机制，包括信息化工作考核与激励制度、支持自主研发的制度、支持信息化队伍建设和技术人员发展的制度、支持信息化应用创新的制度等。

(二)健全保障体系,护航信息化健康发展与应用

（1）建立"网络安全管理+技防"的保障体系。按照ISO 27001国际信息安全体系要求，对标国家网络安全等保2.0标准，建设学校网络安全保障体系，最终通过ISO 27001认证，学校网络安全保障体系能在一定范围内为学校信息安全与管理专业群的校内实践教学提供支持；

（2）实施师生信息化素养提升计划。全面提升广大师生信息化素养，重点提升学生基于信息技术和网络技术的自主学习能力，以及提升教师基于新一代信息技术的教学设计和教学实施能力。全面开展教师信息化教学能力培训；

（3）建立专兼结合的信息化技术队伍，加强技术能力培训提升，适应信息化部门职能转型和自主研发建设模式需要。

(三)搭建教学平台,赋能教学形态变革与创新

构建以学习者为中心的教育生态,将信息技术与教学深度融合,推进教学全过程信息化,开启信息化课堂革命。搭建智慧教学服务平台,完善网络教学空间,支持学生自主学习、个性化学习,形成学生个人画像;大力推进线上线下混合教学,线上线下混合教学覆盖率达到85%;提升教师教学能力,全面开展信息化教学应用与推广及"三教改革";完善《线上线下混合教学管理办法》,激发学生自主学习积极性;依托智慧教学服务平台与大数据服务平台,采集分析教与学全过程数据,实现即时调整教学策略、因材施教,让每个学生都有获得感。

(四)打造服务中心,助力学校治理能力水平提升

完善信息基础设施和服务体系建设,全面支撑学校高水平建设发展需求。建设和优化涵盖师生发展全过程、学校事务全领域、合作伙伴全方位的"重电在线服务中心",与线下服务中心互补互动。丰富线上服务大厅功能,完成业务流程、数据流程、服务流程的梳理、优化和再造,开发上线微应用群,广泛覆盖线上业务,让师生办事少跑腿。建好两个平台:核心业务的"产教融合创新创业就业服务平台"与基础业务支撑的"统一人脸识别平台",并广泛应用于智能安防、门禁、考勤、消费等场景。

(五)实施数据战略,挖掘数据价值支持科学决策

搭建学校大数据服务平台,提供数据智能采集、存储、分析和数据治理工具服务,健全"重电"大数据中心,实现数据智能采集、数据共享高覆盖。依托"重电"大数据中心打造"重电智慧决策支持中心",实现数据动态监测、及时预警等价值功能,提升教学决策支持、精准质量监测、综合校情分析、师生发展导航等服务,助力学校治理水平提升。完成学校教务、人事、学工、财务、科研等核心业务的数据专题分析,业务领域覆盖率达90%。建成质量监测与预警平台,实现校情分析(领导驾驶舱)、专业(群)认证画像、课程建设画像、教师综合画像、学生综合画像等功能,人才培养质量监测覆盖率达100%。

十、伴随优质产能"走出去",提升国际化水平

"政行企园所校"多主体融入,搭建互联互通平台,引进优质教育资源。主动对接国际职业教育标准,开发一批高质量具有国际影响的机电一体化专业、物联网技术专业和SGAVE专业标准、课程标准、教学资源。深化与国际机构合作,引进国际通用职业资格证

书体系,实现职业人才培养与国际行业标准的对接。依托中泰国际学院、中乌ICT鲁班工坊、中非(乌干达)ICT学院、"重电"—老挝丝路学院和南非政府公派留学生项目,与"走出去"产能多形式合作办学,培养具有国际视野、通晓国际规则和胜任国际事务的专业人才。通过全方位、多层次、宽领域的国际交流与合作,完善国际化办学体制机制,凸显"重电"职教国际化品牌,增强服务"一带一路"能力,成为"走出去"产能的优秀成长伙伴。

(一)引进优质资源共建专业课程,促进中外职业教育协同发展

1.打造具有国际影响力的课程体系

与美国国家仪器有限公司、西门子自动化与驱动集团、三菱电机自动化有限公司等国际知名企业共建联合实验室,引进德国多特蒙德应用技术大学机电一体化专业课程体系,建立培养目标、学习模块、模块内容、学时和考核标准,开发学习模块的项目、教材和规范,打造具有国际影响力的机电一体化专业课程体系。

2.深化中德职业教育合作项目

大力推动中德SGAVE项目,充分利用德国汽车领域雄厚的技术和经验储备资源,依托中德"SGAVE项目示范学校",构建符合中国国情的现代汽车维修和维护行业需求的专业人才培养体系。建立高水平证书认证体系,实现职业人才培养与行业标准的对接,推广中德SGAVE项目人才培养模式,引领区域内中高职院校职业教育教学改革,共同为汽车生产企业培养具有国际竞争力的汽车售后服务技术技能型人才。

3.推动特色专业课程资源国际化

依托中乌ICT鲁班工坊、中非(乌干达)ICT学院,进一步加强与乌干达麦克雷雷大学合作,开发《传感器技术与应用》《自动识别技术及应用》《通信工程设计与制图》《数据网组建与维护》《5G基站系统运行与维护》等高质量双语课程资源。依托中泰国际学院,进一步加强与泰国曼谷职教中心深度合作,联合全球知名酒店集团洲际酒店集团英才学院、重庆保利花园皇冠假日酒店,合作开发《酒店职业汉语》《前厅服务与管理》等中英泰国际课程资源。推动特色专业课程资源在"一带一路"共建国家试点推广。

4.推进中外合作办学内涵建设

总结与澳大利亚中央技术学院共同举办"3+0"合作办学经验,推进与加拿大卡纳多文理学院计算机网络技术专业、数字媒体艺术设计专业"2+1"或"3+0"的中外合作办学,建立毕业证书或技能等级证书双向授予模式,完善办学质量保障体系,加强过程监管和精准服务水平,加大教育涉外办学监管力度,提升人才培养质量水平,推进国际化办学内涵

式发展。

(二)搭建平台开发国际通用标准,扩大中国职业教育话语权

1.搭建国际化联盟平台

依托在亚洲开发银行倡导下建立的CAREC(中亚区域经济合作)框架下的CFCFA(中亚区域承运人和货运代理人协会联合会),紧扣中亚国际物流产业需求,利用学校电商物流优质资源,参与制定国际物流区域标准,组建"中亚区域电商物流产教联盟",为CAREC成员国培养和输送国际化的专业人才,服务"走出去"企业。

2.探索区域性产教融合路径

依托教育部中外人文交流中心和重庆市教育国际交流协会,牵头组建重教国际产教融合分会,集合科大讯飞股份有限公司、重庆传音科技有限公司、北京九画科技有限公司、创造太阳乌干达石油学院等40余家国内外企业、院校,整合中外优质职业教育资源,对接重庆地方产业发展,深度参与中外人文交流(重庆)试验园区建设,进一步深化国际企业产教融合,更好地服务国家"一带一路"建设。

3.推动中国标准"走出去"

依托华为、海尔、中移物联网等世界一流企业以及海外ICT学院联盟,对接国际标准,建设专业教学标准、实训条件建设标准、模块教学标准、课程标准,打造职业教育中国标准。将专业教学和技术培训标准进行输出,实地或者远程参与海外职业资格认证培训,为中国企业培养本地化人才,同时助推中国学生海外高端就业或者为其提供技术服务,助力中国企业走出去和产能输出。

(三)服务"一带一路"建设,培养通晓国际规则技术技能人才

1.培养输送国际化专业人才

依托华为、长安、传音、OPPO、宗申、力帆等"走出去"企业,深入推进与泰国、印度尼西亚、马来西亚、埃塞俄比亚、白俄罗斯等国院校合作办学,开展"订单式"国际化人才培养。开展来华留学生"语言+专业"和"语言+技能"双语教学。探索可推广、可借鉴的高职院校来华留学生文化培养模式,实现来华留学"规模稳定、结构优化、管理规范、特色凸显"的目标,形成"一平台一体系三精品"的"留学重电"品牌[①]。

---

① "一平台"指跨文化交流平台,"一体系"指留学生文化培育体系,"三精品"指孔子文化艺术节、国际文化艺术节、留学生美食节等精品活动。

2.提升师资国际化水平

依托"重电海智"专家工作站，设立海外教师研修基地，支持教师走出国门，在境外企业和研究机构交流任职、学习研修，鼓励中青年教师申请国家留学基金委和重庆市政府公派教师研修访学项目，开阔教师国际化视野，提高专业水平、科研开发能力和参与国际事务的能力。为"一带一路"沿线欠发达国家的企业和学校提供技术服务、教师及课程资源。继续发挥学校作为教育部国培基地的示范作用，加快中德（西南）师资培训基地建设，通过双元制职业培训、工作教育学、职业教育学、新型教学法等先进的教学理念方法，为西南地区职业院校培养国际化师资核心力量。

3.共享优质"互联网+"国际教育教学资源

打造教学资源可共用、过程可追溯、成果可推广的"互联网+"国际教育远程平台，通过在线互动直播、语音教学系统、录播系统进行授课、自学、模拟HSK考试，建立线上线下混合式"互联网+"教学模式，提高来华留学生HSK语言测试通过率，促进学习持续性有效衔接。同时依托海外分校，在泰国、老挝、印度尼西亚、乌干达、南非等"一带一路"共建国家共享优质教育教学资源，满足国内外师生教学、考试、自习等需求，提高学校职业教育国际化水平。

4.推动海外办学落地生根

积极响应国家"一带一路"倡议，结合重庆地方优势产业和主导产业，依托"走出去"企业，发挥学校优质教育教学资源，扎实推进中泰国际学院、中乌ICT鲁班工坊、中非（乌干达）ICT学院、"重电"—老挝丝路学院的海外办学点建设，开展海外合作办学、课程对接、学分互认、"语言+专业"技能培训等，不断提升学校对外服务能力和国际影响力。同时聚焦信息通信（ICT）领域，重点打造"中非（乌干达）ICT学院"暨"中乌ICT鲁班工坊"，为乌干达培养了解中国国情、精通物联网应用技术和信息通信技术的专业人才，提高乌干达信息通信技术水平，向华为、传音等驻非洲的中国企业输送技术人才，努力将"中乌ICT鲁班工坊"建成具有国际影响力的鲁班工坊。

第三章 以评促建：
"双高"绩效评价

　　"双高计划"是中国高等职业教育的重大工程之一，作为以项目推动院校建设的行动计划，其项目绩效评价既是中国教育绩效评价的重要组成部分，同时也是推动中国高等教育绩效评价应用和改革的重要力量。"双高计划"建设的宗旨是通过建设一批优秀的高等职业院校来引领中国职业教育发展，实现中国教育类型化的远景。其中非常关键的环节就是如何衡量和考察"双高计划"建设单位的建设成效，即对相关院校进行科学理性的绩效评价问题。通过"双高计划"建设的绩效评价，一方面促进计划院校的自身建设，另一方面也能促进教育的深度改革。基于此，本章从教育绩效评价和"双高"绩效评价的内涵与关系、"双高"绩效评价的方法与实施路径、实施"双高"绩效评价的角度以及"重电"绩效评价的总结与反馈等几个角度对"双高计划"绩效评价进行梳理。

第一节 教育绩效评价与"双高"绩效评价的
内涵、关系与价值

一、教育绩效评价与"双高"绩效评价的内涵

(一)绩效评价及教育绩效评价内涵

　　绩效是管理学中的重要概念。绩就是成绩、业绩，它反映出一个组织或者企业机构的

利润目标；效就是效率、成效、效果等，它反映出某个组织的管理过程目标。绩效是指组织、团队或个人，在一定的资源、条件和环境下，完成任务的出色程度，是对目标实现程度及达成效率的衡量与反馈。绩效在企业或者组织中通常指涉结果与行为，其内涵相对比较复杂。例如从结果角度讲，绩效是关注个人或者整个组织在特定时间内的工作业绩与贡献，即最终的目标完成情况。绩效除了关注结果，还对事件运行中的关系、能力有所涉及，它还重视完成效率及方法等。综合而言，绩效包含了诸如业绩、效率、过程及价值等内容，它是一个定性和定量双重结合的概念。

绩效评价或者绩效评估则是在绩效管理或者绩效产出的基础上形成的评价行为。一般是通过对应的评价人员、评价标准、评价方法及被评价对象进行业绩、效率和效益分析的过程，在实施层面上，既可以是对个人绩效评价也可以是对整个组织进行绩效评价。

作为管理学概念的"绩效"和"绩效评价"在其他领域应用越来越广泛。21世纪以来，《国家中长期教育改革和发展规划纲要（2010—2020）》作为我国教育学的宏观文件，首次将"教育绩效"纳入教育发展过程中，国家试图借鉴绩效管理、绩效评价等方法来促进中国教育的良性发展。该文件明确表示，各个高等院校要"改进管理模式，引入竞争机制，实行绩效评估"，为"建立现代学校制度，不断完善学校目标管理和绩效管理机制"。所谓"管理模式""竞争机制""绩效评估"等概念与过去的传统教育相比，发生了诸多变化，这些概念本质上与"企业""组织"乃至"利润""效益""效率"相关。它要求中国的教育要不断地增添活力，推动改革，重视效率与业绩。绩效评价的提出，促使中国教育需要运用相关的指标体系来综合评价教育组织的运行情况及效果。当然作为国家公共部门，与单纯的企业组织追求效率和利润不同，公共部门可能还需要关注社会公平及社会效益等。

作为教育的重要组成部分，高等教育的绩效评价源自20世纪80年代的西方发达国家。最初我国的高等教育评价是在引入西方教育绩效评价的理念和基础上，主要由政府行政部门主导。其绩效评价的主要内容包括教育教学、科研及社会服务活动等。绩效评价的主要涉及指标涵盖教学、科研、社会服务等方面的投入与产出等资源比例关系。根据教育类型和体系的不同，各内容的指标在占比方面各有偏重。随着绩效评价理念的深入，当前越来越多的组织和机构参与到教育绩效评价中。例如各级教育行政部门、相关专业协会、社会中介机构、学术团体等不同评价主体相继加入高等教育的评估与研究工作中，共同构成高等教育评估宏观设计与微观研究的完整体系[①]。

---

① 刘慧霞.高等教育绩效评价的缘起、困境与展望[J].扬州大学学报（高教研究版），2019，23（5）：10-14.

(二)教育项目绩效评价的适用情境及常见方法

作为借鉴管理学中的项目管理和评价实施的评价体系，教育评价是以项目形式展开的绩效评价工作，不同于一般意义上的企业组织追求利润最大化诉求，教育项目还需要综合考虑项目实施的社会价值。因此教育项目的绩效评价既具有一般项目绩效评价追求效率和业绩的普适性特点，也具有教育项目的特殊性。

通常而言，教育项目是由各级教育行政主管部门开展评价工作的。以职业教育为例，除了按照《深化新时代教育评价改革总体方案》的总体要求，《国家职业教育改革实施方案》及《职业教育提质培优行动计划》等文件也对职业教育的项目绩效评价提出了具体指示。结合教育项目的自身特点，我们应当对一些常见的绩效评价方法进行筛选，并非所有适合企业组织的绩效评价方法都能适用于教育项目绩效评价，不同级别的教育项目适用的方法也会有所区别。例如个体进行的评价方法就不太适用于教育项目的评价，单纯地用于评价财务指标的方法也不适合用于评价教育项目。不同情境下绩效评价方法的综合运用有助于提升教育项目绩效评价的客观性、科学性与实效性。

《深化新时代教育评价改革总体方案》是新中国第一个关于教育评价系统改革的文件，也是指导深化新时代教育评价改革的纲领性文件。职业教育绩效评价需要以该方案为总体依据和参照标准，而《深化新时代教育评价改革总体方案》的核心就是通过教育评价改革推动我国教育"破五唯"的任务。因此，职业教育的绩效评价需要围绕"破五唯"的中心目标进行。高等职业教育工作者必须以深化教育评价改革为标准，在实施教育绩效评价时注重改革的核心。在绩效评价方法的选择和运用上，需要以全局和宏观的眼光开展工作，要关注教育项目实施的整个过程，涉及教育项目的全过程和全范围，注意教育项目评价的全面性和科学性。

从当前的高等职业教育绩效评价来看，在实施过程中涉及教育项目的实施前、中、后等过程，针对不同的具体过程，将会采取不同的绩效评价方法。结合教育项目前评价、教育项目中评价、教育项目后评价的评价过程特点，总结出如平衡卡计分法、德尔菲法、层次分析法、同行评议法、鱼骨图分析法、360度反馈评价法、柯氏四级评价法等方法比较适合教育项目的绩效评价。为了实现对教育项目的全面和科学评价，不仅要交叉运用各类评价方法，还需要实现评价类型的多元化：如形成性评价、总结性评价、证实性评价和元评价等。在不同的评价过程和类型中采用相应的评价方法，使得不同的评价方法贯穿于教育项目的整个管理过程中，保证评价的连贯性和全面性。

首先是形成性评价。这是高等职业教育项目实施和管理中最重要的评价内容。例如在早期的分析和开发阶段可以采用德尔菲法、同行评议法等进行形成性评价，利用专家的不断反馈进行必要修改，保证项目设计的合理性。德尔菲法适用于确立项目评价指标以及赋予相关指标的权重。当然基于德尔菲法的反馈功能，也能持续应用于整个教育项目的管理过程中，这种方法能够随时收集教育项目的进程，了解项目实施的情况，发现项目实施过程中的具体问题，并根据指定的项目战略目标，对项目管理过程中的问题进行纠偏和调整，从而促进最终战略目标的实现。形成性评价的早期运用通常需要项目开发者和顶层设计者的参与和实施。

形成性项目评价伴随项目实施和管理的全过程，其内容涵盖较广：包括项目的实施进度、具体实施情况与原计划的一致性、整个过程的管理的科学性、资金的使用率和到位情况、以及教育项目的社会效益和评价，乃至整个项目实施的情况等。形成性评价有助于发现和解决教育项目实施过程中存在的问题，并对相应的问题作出改进和调整。

其次，在项目实施过程中，还需要对项目的各个阶段进行总结性评价，总结性评价可以采用平衡计分卡和同行评议法交叉进行。因为平衡计分卡能够对项目的投入产出比也就是财务指标、管理内部的运营、学习与成长等多维度进行系统的量化考核。同时需要特别注意的是，教育项目不同于一般意义上的投入产出比等资金项目，它具有一定的公共项目特征，即需要考虑项目本身的社会效应，此时就需要借助平衡计分卡中的客户指标对其进行分析。经过系统、全面的量化考核后，管理组织者可以召集同行专家运用同行评议法对目前项目实施的阶段性结果进行总结性评价，在线下面对面的过程中以独立、客观的视角对当前的项目成果进行评价。

再次，面对项目评价过程出现的个别问题，还要通过证实性评价来解决，其目的是验证教育项目能否改善其作用，360度反馈评价法能有效地进行证实性评价。

最后，项目管理者还应注重对教育项目绩效评价方法本身的评价，即元评价。基于每一种评价方法的优缺点，如何较好地实现某种具体评价方法对实施的教育项目进行评价，发挥其作用，同时避免具体方法的缺陷和不足，采用合适的方法对评价方法本身进行评价也是一个值得重视的问题。

为了推动国家教育的发展，落实教育改革的重任，实现教育政策的战略目标，采用哪些具体的绩效评价方法对教育项目而言是一项复杂而重要的工作。需要指出的是，在不同层次不同类别的教育项目中，每一个教育项目的战略目标和实际情况会有所区别，因此评价部门和主体需要"因地制宜"，有针对性地选择对自身所管理和建设的项目采取适宜的方法体系。例如当前由教育部、财政部等联合实施的国家级教育大项目"双一流"建设、"双高计划"建设、"提质培优行动计划"等就涉及项目的资金管理、内部运营、社会效能等多维度目标，在实际项目绩效评价中就需要根据不同阶段的不同目标采用合适的评价方法，评价主体也包含教育部、建设院校自身乃至社会第三方评价机构等。

(三)何谓"双高"绩效

高水平职业教育支撑一流国家发展，"双高计划"作为国家职业教育的重大战略工程，是满足我国高质量经济社会发展和提升国际竞争力和影响力的重要载体。为了更好地实现"双高计划"的总体目标，国家发布了系列重要文件引领和保障"双高计划"的实施。其中一个重要方面就是"双高计划"的绩效管理和绩效评价。为此，2020年12月，教育部、财政部专门联合制定了《中国特色高水平高职学校和专业建设计划绩效管理暂行办法》（以下简称《办法》），绩效评价是绩效管理的重要部分，《办法》对绩效目标和绩效评价有明确要求：绩效目标着重对接国家战略，响应改革任务部署，紧盯"引领"、强化"支撑"、凸显"高"、彰显"强"、体现"特"，展示在国家形成"一批有效的职业教育高质量发展政策、制度、标准"方面的贡献度，通过"双高计划"有关系统填报与备案。绩效目标应做到科学合理、细化量化、可衡量可评价、体现项目核心成果；绩效评价是指学校、中央及省级教育部门和财政部门，对建设成效进行客观、公正的测量、分析和评判。绩效评价按评价主体分为学校绩效自评和部门绩效评价，评价工作应当做到职责明确、相互衔接、科学公正、公开透明。

以绩效评价作为绩效管理的重要方式为推进"双高"建设提供了一条可行性路径。围绕《办法》的具体要求，各"双高计划"建设单位需要开展不同层次的绩效评价工作。在时间维度上，包括年度、中期及实施期结束后自评。此外教育部、财政部还会组织专家或委托第三方机构在学校自评的基础上，开展中期及实施期结束后绩效评价。2022年4月，教育部办公厅、财政部办公厅联合印发《关于开展中国特色高水平高职学校和专业建设计划中期绩效评价工作的通知》（以下简称《通知》），启动了"双高计划"中期绩效评价工作，通过绩效评价和绩效管理保证"双高计划"有序推进。2024年1月，教育部办公厅、财政部办公厅印发《关于开展中国特色高水平高职学校和专业建设计划（2019—2023年）绩效评价工作的通知》，正式开展第一轮"双高计划"建设的终期绩效评价。

然而"双高计划"建设不同于传统的质量工程，它的绩效管理与绩效评价具有某种特殊性。比如在绩效目标方面，一般的绩效目标是基于某种特定的标准或者系列指标，通过相关的绩效评价方法来达成某个可衡量和评测的目标。《办法》则是要求建设院校根据实际，自行设定绩效目标，然后对绩效目标实现情况进行全方位、全过程的自我评价。换言之，"双高计划"的绩效目标是定性而非定量的，《办法》将绩效目标与贡献度紧密结合，以自评的方式推进绩效目标的完成。从当前的绩效评价系列工作来看，部分"双高"院校建设绩效评价仍存在着评价导向有偏差、评价指标不完善、评价制度不健全等问题。因此加强"双高"院校建设绩效评价研究既是响应政策要求的应时之举，也是高职院校自我剖析、自我改进的内在迫切需求。

基于此类问题，不少研究课题和机构致力于"双高计划"绩效评价研究。通常的绩效评价是指运用一定的指标体系和评价工具对"双高"院校的建设数据、预期产出和效果、目标达成度、社会贡献度、资金配置效益和使用效率等进行测量、分析和评判，为利益相关者提供信息，为相关院校的"双高计划"建设院校提供改进方向。

二、两者的关系

共同点：两者都是以绩效为中心，关注经济效益与社会效益。广义上讲，教育绩效评价和"双高计划"绩效评价都是相关教育项目的绩效管理实施路径，其目的都是更好地促进中国教育事业的发展。为此国家都出台了相应的重要文件，如《深化新时代教育评价改革总体方案》《国家职业教育改革实施方案》等。关于绩效的管理和评价目的是一致的，都是为了促进我国教育事业的高质量发展，构建现代中国教育体系。

不同点主要表现在：

一是评价方法和理念。两者与传统的教育评价关注点有显著的区别，在实施绩效评价的方法和理念上也与传统的教育评价存在不同。其中主要区别就是教育绩效评价和"双高计划"等绩效评价不仅关注教育的社会效益，也关注经济效益。这点与传统的教育评价是有所区别的。传统的教育评价在关注教育目标的经济效益方面不多，对教育资源的分配和管理也存在相应的空白。

二是评价主体多元。传统的教育评价一般是以教育主管部门为主，往往是教育行政部门制定相关的统一标准，对当前的教育进行统一评价。绩效评价的一个变化之处即在于，绩效评价以教育行动者自身的自我绩效评价为内生动力。教育部门和教育专家承担引导者和监督者的角色。如2022年教育部、财政部制定的《办法》就是以学校的自评报告为主，联合地方教育主管部门等进行综合评价。

三、"双高"绩效评价的意义与价值

"双高计划"绩效评价是"双高计划"绩效管理的重要环节，有助于推动"双高计划"建设的整体推进，对提升我国职业教育的内涵式发展有多方面的价值与意义。同时"双高计划"绩效评价作为国家教育评价的重要组成部分，也能在实践中反映和呈现新时代中国教育绩效评价的诸多理念。

(一)现实价值

"双高计划"绩效评价最现实也是最基本的价值就是完成《办法》的绩效目标。绩效评价的目的是规范项目资金的管理，保障双高建设的目标如期实现。作为职业教育的重大项目，以教育绩效评价敦促"双高计划"的内涵建设是其中的必要环节。绩效评价既是教育部门管理和监督"双高"院校的有效方式，也是"双高"院校实现预期目标的重要路径。作为一项长达五年的教育建设项目，"双高"院校需要完成相应的目标，同时这些目标通过多个维度的指标呈现，"双高"院校、省级主管部门以及教育部依据每个主体性目标实施绩效评价，保障预期目标的顺利实现，这是"双高"绩效评价的现实价值。

(二)理论价值

作为职业教育领域的重大项目，"双高计划"承担着我国职业教育改革"先锋"的责任，"双高计划"的建设任务事关我国职业教育的未来，其总体目标的实现程度是我国职业教育改革的重要成果。因此如何考量"双高计划"的绩效就成为其中关键的环节。"双高计划"的任务内容涉及广泛，从人才培养、科研社会服务、师资队伍建设到提升校企合作、信息化、治理及国际化水平等，每一项建设任务都有诸多细化的具体目标，各类建设项目的成败关乎着我国职业教育类型化和中国式现代化的走向。作为一项具有改革意义的职业教育项目，体现了《深化新时代教育评价改革总体方案》的精神，不仅是对职业教育有启示意义，对整个教育提倡的"破五唯""推进教育现代化""提高治理能力和水平"等也有推动作用。"双高"绩效评价应当重视"本土性"，形成具有中国式的职业教育改革绩效评价体系。"双高"绩效评价的实施效果，将成为职业教育改革绩效评价的重要组成部分。实施"双高"绩效评价，需要重视多方协调联动、保持动态调整，结合学校自评和第三方评价，真正地体现教育评价的精神，为我国职业教育改革保驾护航。

第二节　"双高"绩效评价的方法与实施路径

完善评价机制,提高绩效评价体系的质量成效,建立健全绩效评价主体、评价内容、评价监督等机制对"双高计划"学校高质量发展有着积极的推动作用,可以从以下3个方面着手:一是立足学校发展现状,科学设置绩效评价体系。明确办学定位,突出优势特色,与国家重大战略、区域产业发展及地方经济建设需求相对接,以院校"十四五"事业发展规划为统领,科学设置人才培养、教育教学、科学研究、师资队伍、社会服务等方面的评价指标。二是引入第三方评价机构,全面评估绩效评价成效。构建多元多维多主体评价体系,使绩效评价实施评估由"内部自审"转向"公共可审";引进独立的第三方评估主体,行使对学校自我评估的监督职能,保障绩效评价的公信度及权威性。三是多元参与绩效评价实施,构建绩效评价监督机制。成立专门的绩效评价评估小组,定期对学校绩效评价的执行情况进行评估检查,积极发挥政府、企业及行业在学校绩效评价过程中的参与作用;将绩效评价指标任务落实情况作为工作督查和考核评价的重要内容,强化评估监测结果运用,构建有效的结果运用机制,为学校高层决策提供更加全面的信息依据[①]。

通常而言,教育项目绩效评价方法有以下几种。

一、平衡计分卡

BSC即平衡计分卡(Balanced Score Card),是常见的绩效考核方式之一。平衡计分卡是从财务、客户、内部运营、学习与成长4个角度,将组织的战略落实为可操作的衡量指标和目标值的一种新型绩效管理体系[②]。

平衡计分卡能够全面考察财务和非财务指标,反映这个项目的投产-产出状况,有利于解决传统绩效评价方法的缺陷,是一种更加全面、科学的评价方法。如今平衡计分卡已广泛应用于高新技术产业、新型服务行业、制造业以及现代金融组织和政府组织等。

平衡计分卡体现出现代绩效评价方法的两个鲜明特点:一是考核指标的量化;二是考核目标的多维度化。它可以从财务要素、客户、内部运营、学习与成长等几个核心维度着

---

① 雍莉莉."双高计划"背景下高职院校高质量发展绩效评价研究[J].教育与职业,2022(8):59-64.

② 周松.论管理会计与供应链管理之间的关系[J].商业会计,2011(32):3-5.

手，同时增加适合自身项目特点的其他维度等。

一般来讲，实施平衡计分卡的管理方法主要有以下优点[①]：

（1）克服财务评估方法的短期行为；

（2）使整个组织行动一致，服务于战略目标；

（3）能有效地将组织的战略转化为组织各层的绩效指标和行动；

（4）有助于各级员工对组织目标和战略的沟通和理解；

相较而言，平衡计分卡也存在以下缺点：

（1）平衡计分卡的前提是基于实施项目战略目标的先验性，因此它对战略目标制定方面无法发挥作用；

（2）它只是以定量的方式评价项目实施的状态和结果，而不能推动项目实施的过程；

（3）实施难度较大。平衡计分卡需要组织项目有明确统一的战略目标，并且各级管理者具备较高的组织管理能力，它对组织目标和管理人员都有一定的要求；

（4）构建指标体系困难。作为一种全面的绩效评价方法，平衡计分卡的优势在于引入客户、学习与成长等非财务性指标并突破了传统的绩效评价模式。然而难点就在于其他非财务指标的构建，相对而言，建立财务指标比较容易，非财务指标则需要根据项目自身特点和不同的战略目标以及外部环境等进行精心设置；

（5）指标数量复杂，难以确立指标之间的因果关系。一般的平衡计分卡至少要涉及财务、客户、内部运营、学习和成长等4套绩效评价指标。通常合适的指标数目是20~25个，如何在众多的指标中选择合适的指标是一个难题[②]。

基于平衡计分卡的优势和不足之处，在对具体的教育项目进行评价时，应当和一般企业项目有所区别。对某些特定的教育项目，制定者需要考虑教育项目的行政效能和社会效能。比如可以在四维度平衡计分卡的基础上，增加社会效能，构建更加符合教育项目的五维度评价体系，即财务维度、内部流程维度、公众维度、学习与成长维度、社会效能维度等。按照《深化新时代教育评价改革总体方案》的要求，教育评价改革需要构建政府、学校、社会等多元参与的评价体系，引入平衡计分卡的方法有助于完成这一目标。

① 方晶,苏瑞.企业如何运用平衡计分卡进行绩效管理[J].人力资源管理,2012(8):172-173.
② 杨雅静.平衡计分卡在甘肃省中医院的应用体会[J].西部中医药,2014,27(2):72-75.

二、德尔菲法

德尔菲法也称专家调查法，它于1946年由美国兰德公司创始实行，其本质上是一种反馈匿名函询法。德尔菲法的大致流程是对所要预测的问题征得专家意见后，进行整理、归纳、统计，再匿名反馈给各专家，再次征求意见，再集中，再反馈，直至得到一致的意见[①]。

该方法是由部门组成一个专门的预测机构，其中包括若干专家和预测组织者。按照规定的程序，背靠背地征询专家对未来市场的意见或者判断，然后进行预测的方法。德尔菲法是一种利用函询形式进行集体匿名思想的交流过程。它有3个明显区别于其他专家预测方法的特点，即匿名性、反馈性和统计性。

1.匿名性

作为该方法的主要特点，匿名性指的是在专家调查过程中，各位专家互相匿名通过函件交流。除了部门组织者的内部管理机构，从事项目评价的专家对其他专家的情况是隐匿的，这有利于消除个别专家的权威影响。当然在具体的实施过程中，允许在个别环节召集专家进行专题会议讨论。

2.反馈性

反馈性也是德尔菲法的重要特征。它是通过不断多次的信息反馈中收集修改信息。在每次反馈中评价机构和专家组都可以在函件中进行深入交流和研究，最后使得评价结果基本趋于一致，从而保证评价结果的可信度和客观性。在每一轮的反馈中，评价小组的交流都可以通过回答问题的形式实现对反馈的预测，从而在多轮的反馈中完善评价工作。

3.统计性

德尔菲法是一种相对民主的调查法，它的预测是多数人的反馈结果，以统计不同专家的观点来汇总，从而不断地实现目标统一。

它与常见的召集专家开会、通过集体讨论、得出一致预测意见的专家会议法既有联系又有区别。德尔菲法的优点之处在于：

（1）全面收集每位专家的观点，能充分发挥各位专家的作用，集思广益，准确性高。实现绩效评价的民主化，避免了权威人士的决策性可能；

---

① 胡学军,周青青,林旋龄,等.基于循证医学及德尔菲法的中医特色与优势评价体系的构建[J].中医药管理杂志,2017,25(24):1-7.

（2）管理者在征集专家意见时可以对涉及的所有观点进行筛选，以便作出最合理的分析；

（3）匿名函件的交流方式避免了权威人士的意见影响决策，同时避免有些专家因个别因素不愿发表真实意见的情况；

（4）有利于专家对自身不成熟或不全面的意见进行修改等；

其不足之处主要表现在：

（1）由于各个专家是匿名函件的交流，缺乏面对面的思想沟通交流，从而使得其评价观点呈现一定的主观片面性；

（2）出于集思广益的评价目的，在实施过程中可能会忽视少数人的意见，使得预测结果偏离实际；

（3）德尔菲法中的管理组织者的作用很重要，其筛选结果易受主观影响；

（4）作为多人专家调查的方法，德尔菲法涉及多人参与，每位专家可能会得出不同的答案，其评价结论很难达成一致，需要重复多次的反馈、收集与整理，有时难以收尾，评价周期相对较长。

三、层次分析法

层次分析法，简称AHP，是指将与决策有关的元素分解成目标、准则、方案等层次，通过定性指标模糊量化方法算出层次单排序（权数）和总排序，以作为目标（多指标）、多方案优化决策的系统方法。它是将决策问题按总目标、各层子目标、评价准则直至具体的备投方案的顺序分解为不同的层次结构，然后用求解判断矩阵特征向量的办法，求得每一层次的各元素对上一层次某元素的优先权重，最后再加权和的方法递阶归并各备择方案对总目标的最终权重，此最终权重最大者即为最优方案。[1]

层次分析法比较适合于具有分层交错评价指标的目标系统，而且目标值又难于定量描述的决策问题。[2]

层次分析法的优点：

（1）全面系统的定性与定量相结合方法。

层次分析法把研究对象作为一个系统，按照分解、比较判断、综合的思维方式进行决策，成为继机理分析、统计分析之后发展起来的系统分析的重要工具。系统的思想在于不

---

① 高涛.基于层次分析法的主数据识别在网管中的应用[J].科技风,2011(18):47.

② 陈慧.国土资源调查项目评估研究[D].北京:中国地质大学,2011.

割断各个因素对结果的影响，而层次分析法中每一层的权重设置最后都会直接或间接影响到结果，而且在每个层次中的每个因素对结果的影响程度都是量化的。这种方法尤其可用于对无结构特性的系统评价以及多目标、多准则、多时期等的系统评价。

（2）相对比较简洁实用。

这种方法既不单纯追求高深数学，又不片面地注重行为、逻辑、推理，而是把定性方法与定量方法有机地结合，使复杂的系统分解，能将人们的思维过程数学化、系统化，便于人们接受，且能把多目标、多准则又难以全部量化处理的决策问题化为多层次单目标问题。通过两两比较确定同一层次元素相对上一层次元素的数量关系后，最后进行简单的数学运算。并且所得结果简单明确，容易被决策者了解和掌握。

（3）所需定量数据信息较少。

层次分析法主要是从评价者对评价问题的本质、要素的理解出发，比一般的定量方法更讲求定性的分析和判断。由于层次分析法是一种模拟人们决策过程思维方式的一种方法，它把判断各要素的相对重要性步骤留给了大脑，将人脑对要素的印象化为简单的权重进行计算。这种思想能处理许多用传统的最优化技术无法着手的实际问题。

其缺点主要表现在：

（1）不能为决策提供新方案及改进策略。

层次分析法是一种典型的择优选择法，它的实施是基于管理组织自身通过模拟大脑设计的诸多方案，然后再选择最优解。而对于大部分决策者来说，如果一种分析工具能分析出已知方案的最优解，然后指出已知方案的不足，甚至再提出改进方案的话，这种分析工具才是比较完美的。但显然，层次分析法不能做到这一点。[①]

（2）重定性轻定量分析，结果难以使人信服。

通常对于科学的项目评价而言，定量分析占有极大比重。然而诸如非财务指标的考核，往往难以实现定量分析，取而代之的是专家和管理者的定性分析。由于每个专家的立场、评价标准有所不同，其定性色彩过重难免使人怀疑评价的最终结果。

（3）指标复杂时工作量十分巨大，权重难以确定。

在项目的实施过程中，不同的目标可能会带来庞大的指标体系，作为依托判断矩阵构建的指标层次就会更深、更广，规模更大。这会为指标的两两对比工作带来严峻的考验。如果在两两对比的过程中出现了数量众多的指标，可能会影响决策者的判断，乃至对单独

① 丁世杰.地铁车站应急疏散标识的有效性分析及其实验研究[D].昆明:昆明理工大学,2016.

层次排序和所有排序的一致性产生影响，很难保持各个指标的一致性，并且在试图调整的工作中增加难度。

四、其他方法

项目绩效评价方法在实际的项目管理过程中有很多，除上述适合教育项目绩效评价的三类常用方法外，还有诸如同行评价法、模糊综合评价法、鱼骨图分析法、360度反馈评价法等。它们可以分别运用于不同教育项目评价的各个阶段。比如较为常见的同行评议法，即主要由被评价的项目、评价标准以及参与评价的专家三部分组成。由项目内容涉及领域的专家采用一种评价标准，共同对项目对象进行的科学评价活动。同行专家对项目进行面对面交流讨论，做客观深度评审，其评价结果可以作为决策者或部门的重要参考信息[①]。

此外，项目绩效评价还会用到模糊综合评价法，它是一种用模糊数学对多种因素制约的事物或对象做出综合评价，用隶属度来描述模糊界限，能更好地解决模糊且难以量化问题的综合评价方法。诸如有的评价机构在对教育部"双一流"高校进行社会责任绩效评价时，因为评价因素具有一定的模糊性，缺乏明确的界限，也不存在十分精确的肯定或否定，因而在确定指标分值和评价结果方面，运用此类方法就比较合适。

第三节　以"贡献度"为视角的"双高"绩效评价

中国高等职业教育需要在推动高等职业教育高质量发展和构建现代职业教育体系的大背景下，为国家重点产业、区域支撑产业、战略新兴产业提供人才支撑的同时，着力探索形成中国特色职业教育发展模式和发展道路，在建成覆盖大部分领域具有国际先进水平的职业教育标准制度体系上见成效，为我国加快实现教育现代化奠定基础[②]。

作为落实《国家职业教育改革实施方案》的重要举措之一，"双高计划"在我国职业教育改革中发挥着重要作用。国家旨在通过"双高计划"院校的建设，将职业教育改革的"高质量""高水平"定位呈现出来，"双高计划"院校在职业教育改革中扮演"龙头"引领者的角色。其具体定位是：一方面要突出自身的职业教育发展水平，引领自身职业教育的

① 马莉.教育项目绩效评价研究:以宁夏教育云平台为例[D].银川:宁夏大学,2019.

② 周建松.正确把握"双高计划"的站位和定位[J].现代教育管理,2020(6):91-95.

发展，带动培养各行各业的高素质技术技能人才；另一方面也要发挥"双高计划"院校的社会价值，在支撑地方经济转型升级和服务国家战略方面发挥引领作用。

2019年，教育部、财政部实施"双高计划"，目的在于集中力量建设一批引领改革、支撑发展、中国特色、世界水平的高水平高职学校和专业群。2024年1月，教育部办公厅、财政部办公厅印发《关于开展中国特色高水平高职学校和专业建设计划（2019—2023年）绩效评价工作的通知》，对2019年"双高计划"首轮立项的197所高职院校开展绩效评价。这是落实全面推行绩效预算管理、加强绩效管理的具体措施，更是保障实现"双高计划"总体目标的重要环节，对于推动我国职业教育高质量发展有重要意义。当前绩效评价工作已经完成，"贡献度"作为整个绩效评价工作的核心，从引领改革发展、服务国家战略、推动政策标准等三个维度进行全面综合评价不同类型的"双高计划"院校，是对"双高计划"建设单位肩负使命的具化，是实施"双高计划"的本质和内涵①。基于此，以"贡献度"为视角对当前我国"双高计划"院校绩效评价的问题进行梳理与反思，有针对性地提出有助于"双高计划"绩效评价的对策与建议，对职业教育高质量发展亦有所启示。

一、"双高"绩效评价的贡献度现状

从已经完成的绩效评价结果来看，各类"双高计划"建设院校立足职业教育改革前沿，紧密结合自身专业群特征，在多个领域贡献改革探索的经验智慧，彰显了"双高"院校"扎根区域、辐射全国"的影响力。主要表现在以下4个方面。

（一）以自身专业建设、人才培养作为贡献度的基础，突出"模式引领"和"精准供给"内外成效

实施"双高计划"建设以来，相关院校主要将人才培养模式的改革创新作为"引领职教改革和专业发展"维度的主要贡献点，将人才供给的数量与质量作为"服务国家战略和区域发展"维度的主要贡献点，凸显了高等职业教育人才培养的基础性地位。一是各高职院校以产业需求为导向，以强化职业教育类型特征为目标，积极构建具有自身特色的人才培养模式。特别是在校企协同育人、长学制、分层分类培养、现代学徒制等方面充分发挥引领示范作用，提升职业教育人才培养的整体质量。二是以专业群为核心，紧密对接区域

① 郑雁.中国特色高水平高职学校贡献度分析:特点表征与发展思考:基于56所高水平高职学校中期绩效自评报告的文本分析[J].中国职业技术教育,2022(23):5-12,20.

相关产业集群和关键岗位，不断加强与政府、知名企业合作，为产业发展培养数量庞大、质量卓越的技术技能人才。以深圳职业技术大学为例，该校通信技术专业群构建的"课证共生共长"人才培养模式成效显著，在这期间获国家教学成果特等奖并在全国各大职业院校推广应用，培养了众多通过华为各等级认证的高技能ICT人才，支撑了粤港澳大湾区ICT产业发展。通过"模式引领"和"精准供给"的内外衔接，打通了培养链、产业链和岗位链，充分体现人才培养的贡献度。

(二)以深化校企合作、产教融合作为贡献度的主线，辐射"机制创新"和"资源共建"示范经验

校企合作、产教融合作为职业教育发展的主线，集合了职业教育的问题、方法和目标，持续引导职业院校"双高计划"建设全过程。长期以来职业教育的产教融合面临着缺少深层次耦合机制，学校与企业之间利益诉求不均衡，权责配置不清晰等现实困境。有不少高职院校从创新体制机制、共建平台与资源等方面贡献了产教融合的示范经验。例如重庆电子科技职业大学（原重庆电子工程职业学院）物联网应用技术专业群自主探索"三共三享三自主"产教融合机制，实现校内外实训校企"共同投入、共同建设、共同管理"，通过实施产业导师等计划实现"互享资源、互享人才、互享成果"，开发《职业能力发展手册》等资源引导学生"自主管理、自主学习、自主发展"。诸多"双高计划"建设院校将校企共建产业学院作为深化产教融合的主要方式，建立校企协作机制，汇聚多方优质资源，为人才培养、资源建设、社会服务、技术研发等多元贡献提供有效载体。

(三)以融入国家与区域发展战略作为贡献度的关键，发挥"技术服务"和"社会培训"特色优势

在"服务国家战略和区域发展"维度上，"双高计划"建设高职院校主动响应京津冀协同发展、长江经济带发展、长江三角洲区域一体化发展、粤港澳大湾区建设、成渝地区双城经济圈等国家与区域发展战略。以人才培养，智力、技术支持，技术服务和社会培训为着力点体现贡献度。在技术服务方面，利用专业特色优势，通过实施技术改造项目、输出技术解决方案、知识成果转化、开展核心技术攻关等形式帮助企业升级，促进"研、产、测、用"一体化发展；在社会培训方面，不同类型的专业群发挥开放办学优势，响应"百万扩招"、职业技能提升行动计划等国家政策，面向企业员工、退役军人、新型职业农民、职业院校教师等不同群体开展培训活动，持续助力全民终身学习体系构建，也为促进乡村振兴、推动区域协调发展贡献职业教育的力量。

（四）以探索职教改革热点作为贡献度的重点内容，突出"三教改革"和"标准建设"标志性成果

为职业教育高质量发展贡献改革探索的经验是"双高计划"建设的总体目标，除了人才培养模式改革，不少高职院校将目光聚焦到三教改革和标准建设上，以取得的国家级标志性成果来充分彰显贡献能力与成效。在三教改革领域，通过开发国家规划教材、荣获全国教材建设奖等方式展示教材改革上的突出成效；通过打造国家级教师教学创新团队、国家级"双师"培训基地等展示双师队伍建设上的突出成效。在标准建设领域，"双高计划"建设院校展示了参与推动国家专业教学标准、课程标准、"1+X"证书标准等贡献情况，且有部分专业群已取得国际化专业标准、课程标准。此外，还有专业群结合职教本科试点、学分银行建设等其他改革领域展示相关贡献度。

二、基于贡献度视角的绩效评价问题分析

总体而言，当前的"双高计划"院校在实现贡献度方面已经取得一些成就，但是通过梳理发现，仍然存在以下4个方面的问题。

（一）贡献度内涵理解存在差异，成果展示与效果呈现发展不平衡

贡献的本质是以自身行动推动社会某一领域进步和发展，贡献度则是体现行动主体贡献的能力与程度。但从绩效评价的贡献度结果来看，不同"双高计划"建设院校在贡献度理解上存在几个方面的偏差：一是将贡献度等同于标志性成果，将贡献度的自我评价变成成果的分类展示。部分院校对于成果与效果的联系与区别还存在认知差异。例如有的院校用学生在各类技能竞赛中的获奖数量来体现职业教育人才培养模式创新引领的贡献度，缺少类型培养模式在同类专业群中的复制推广与认可情况、以及人才培养整体质量的提炼总结等；二是将贡献度等同于建设任务或建设举措。例如部分专业群仅仅谈到通过政校企合作建立协同创新中心、大数据研究中心、专家工作站等，这些平台的建立是任务或举措的体现而非贡献度，贡献度更多的是相关平台发挥的实际作用、效益产出；三是将高水平专业群层面的贡献度等同于学校层面，没有体现出专业群的贡献度特征，在"引领国内同类专业建设""服务区域支柱产业发展"的贡献度上重点不突出。

（二）贡献度内容聚焦过度，贡献范围需要进一步拓展

当前，"双高计划"院校的贡献度内容绝大多数集中在"人才培养""三教改革""资源

建设""社会服务""平台建设"等项目建设上。这是"双高"院校建设的重点内容，但在国际交流合作等领域的贡献情况方面，较少有院校贡献高水平成果。作为职业教育的重要助推力量，"双高计划"建设的应有之义是立足区域、面向国际，为建设我国职业教育走向国际一流奠定基础。因此，各院校在输出有影响力的专业标准和教学资源、出台专业群建设方案、创新国际化办学模式等方面的贡献需要进一步深入挖掘，才能更加契合"双高计划"中国特色、世界水平的质量内涵。此外，不少"双高计划"建设院校在现代学徒制、综合素质评价改革、中高本贯通人才培养体系等引领维度的贡献内容较为缺乏；在推动政策、制度、标准形成维度上，大多数专业群仅仅聚焦于参与标准研制，建言政策与制度设计、发挥决策咨询服务的贡献内容较少。由此可见，当前"双高计划"建设的一个主要短板是国际交流与合作、咨政服务等内容。

(三)贡献度水平不平衡,投入匹配程度有待提高

经济学的贡献度指的是有效产出量与资源消耗量之比，将其延伸到"双高计划"建设绩效评价中，结合投入情况考量贡献度有一定价值。对于"双高计划"建设院校而言，"双高计划"立项等级、所在区域发展水平、所在学校建设起点、专业群建设基础等方面的不同，导致经费投入必然有较大差异，反映到贡献度水平上则呈现出非均衡化的特点。对比一些支撑专业群贡献度的标志性成果，如同样专业群立项档次的两个"软件技术"专业群，技术服务到账经费上相差3倍、近千万元。如四川邮电职业技术学院通信技术虽处于高水平专业群C档，但其年培训服务量超过8万人·日，超过电子信息类专业群双高B档的平均值。总体而言，各类"双高计划"院校要促进贡献度与经费投入的匹配度，努力形成高投入产出比、高效益比的发展态势。

(四)贡献度横向评价困难,不利于精准提升贡献能力

结合教育部、各省市"双高"绩效评价的方案来看，当前"双高计划"贡献度的评价以"绩效指标完成情况"作为主要依据，但是绩效指标是由学校自主确定，存在诸多差异。因此不同院校的贡献点复杂繁多，支撑成果种类庞杂，不同专业群之间贡献度较难具备整体可比性，贡献度评价结果的运用非常有限。难以用同一种标准去衡量不同类型、不同定位、不同产业背景的"双高计划"院校，与评价方法有一定关系。但就整个绩效评价贡献度而言，凭借其高度同质的特点，可以尝试构建出定性指标与定量指标、基础指标与特色指标、增量指标与绝对指标相结合的贡献度评价模型，为不同"双高计划"院校之间开展横向比较、提炼特色优势、找准方向持续提升贡献能力提供评价指引。

三、进一步提升"双高计划"贡献度的实施路径

"双高计划"是中国高等职业教育发展史上又一个里程碑式的战略举措，作为引领我国职业教育高质量发展的重要组成部分，对促进国家职业教育内涵式发展具有重要意义，如何提升"双高"建设的贡献度，实施路径如下所述。

(一)把握贡献度内涵与评价导向,借助打造产教融合共同体寻求贡献载体

提升"双高计划"贡献度，首先需要认识到贡献度是对"双高计划"建设成效的提炼与升华，评价贡献度的高低既看建设成果是否有质量，也看形成的模式、机制是否有现实价值，以及是否产生效益与社会影响。进一步增加校企合作，增强专业群与各产业的贴合度是较为有效的提升路径。只有深层次的产教融合才能革新出具有引领作用的人才培养模式，打造出具有竞争力的服务品牌。从实践经验来看，开展集团化办学是一种比较有效的形式，既能充分调度集团内政府、行业、龙头企业、顶尖院校等各方优势，适应地方特色和信息化产业发展需求，发挥集团化办学在协同育人、多元培训、技术研发、资源开发、师资队伍建设、信息服务等方面的突出优势，又增强专业群推动产业协同化创新、加快产业数字化转型、促进产业高端化提升的服务能力，以此作为提升贡献度的载体。

(二)优化专业群整体资源配置,打造投入产出效益领先的贡献典范

"双高计划"院校建设的载体是专业群，其贡献度既与显性的投入产出量有关，也与隐性的专业群规模、资源配置效能相关，它们是相互影响、相互制约的关系。首轮"双高计划"建设已经完成，"双高计划"专业群发展态势普遍较好，对于尚有一定发展空间的专业群规模，学校层面需要进一步加大投入，以规模优势降低边际成本，提高产出效益；对于规模已经接近生态"耐度"的专业群，更需要谋求的是优化现有资源配置。主要措施有：一是健全各专业资源统筹配置机制，以整合为主、以建设为辅，实现群内资源的无边界共享。二是通过形成专业动态调控机制、"大类招生+方向培养"的教学管理与运行机制、"平台+模块"的课程体系、课程结构化的师资团队，进一步推动资源的群内重组。三是要将合作企业作为专业群的战略资源，搭建共建共享共管的资源平台，吸引企业经费及设备投入，协力推动实训基地建设、技术研发、技术培训等契合产业发展，提升产出效益。四是形成专业群资源优化评估机制，定期采集管理者、师生、企业的资源利用反馈，评估专业群资源的配置有效性和需求满足程度。

(三)注重专业群内部生态位协调,保障贡献既有广度又有深度

生态位是系统中每种生态因子生存所必需的生境最小阈值,高水平专业群要坚持开放共享、竞合共生、协同创新,形成一个相对稳定、动态平衡、自我调节的系统[①],应当创造条件保障内部生态种群处在合适的生境阈值之内。因此各"双高计划"建设院校在凝聚专业群特色的同时要注重补齐短板,特别是在国际交流与合作上,应当形成清晰的国际化战略目标、加快组建适应国际化办学的师资队伍、保障建设经费的投入、健全工作机制来提升专业群国际化水平,利用好专业群优势,更大范围地拓展国际交流渠道,更高效地开展优质教学资源引进和本土化建设,更快地输出高质量专业标准、课程标准,更多地为服务企业"走出去"提供技术人才支撑。此外各"双高计划"建设院校要主动利用数字化、智能化条件,对外加强政策研究服务、布局关键技术攻关、研发高端科技成果、服务智慧城市建设、赋能职业教育改革突破瓶颈等。在日益激烈的专业群竞争环境下,任何短板都可能被放大,任何优势都可能争取到更多的资源,主动协调专业群内部生态位形成良性循环,能有效拓展专业群贡献的广度与深度。

(四)开展贡献度评价相关研究,有效发挥评价诊断与导向作用

学校、专业群的管理层需要更加细化、更具可比性的贡献度评价结果,为专业群建设提供参考与指引。因此教育部门、高职院校可组建研究团队,聚焦专业群的贡献度评价开展相关研究,设计科学性与实用性兼具的评价模型。一是在三大贡献维度框架下围绕人才培养、社会服务、科研创新、国际交流与合作等基本职能设置二级指标,筛选较为集中的贡献点设计基础性指标,选取有代表性的状态数据、标志性成果(如教学成果奖、科研与社会服务到账额等)作为指标观测点,采取定量任务+定性评价的方式衡量专业群的贡献能力与贡献成效,确定专业群贡献度的共性样态。二是充分考虑自身学校专业以及所在区域的特点,设计由专业群自主评价的"加分项",重点提炼专业群对产业升级、区域社会发展的特色贡献。三是思考如何将投入情况融入评价体系中,合理确定不同立项层次专业群的贡献度权重,体现业财匹配。

"双高计划"建设院校充分展示了高质量的贡献度,为非"双高"的同类院校提供了智慧与经验,也为职业教育的绩效评价提供了重要的维度与思考。在梳理"双高计划"建设院校的贡献度时,也呈现出当前职业教育的一些问题,各高职院校仍需在后续建设中主动

---

① 郭高萍,王志明.生态学视域下增强专业群适应性探析[J].教育与职业,2022(17):48-54.

作为、补齐短板，特别是专业群相互之间应加强交流沟通，互鉴互进，共同提升"双高计划"建设整体水平，实现"双高计划"总体目标，促进职业教育高质量发展。

第四节　"重电""双高"绩效评价反馈与思考

作为"双高"院校的建设单位，重庆电子科技职业大学（原重庆电子工程职业学院）在五年建设期间取得了优异的成绩，在绩效评价方面形成了"双高"院校建设的典型范例。目前对重庆电子科技职业大学（原重庆电子工程职业学院）的"双高"绩效评价主要包含两个方面，一是基于学校五年以来的绩效评价"自评报告"及相关信息采集表，二是教育部、省级主管部门、学校等委托第三方进行的绩效评价报告。通过综合运用不同的绩效评价方式，对重庆电子科技职业大学（原重庆电子工程职业学院）的"双高"建设进行绩效评价，并对应的评价结果进行梳理、分析和反馈总结，对进一步认识"双高"建设有重要意义。

从当前的"双高"建设绩效评价相关文件如《中国特色高水平高职学校和专业建设计划绩效管理暂行办法》《关于开展中国特色高水平高职学校和专业建设计划（2019—2023年）绩效评价工作的通知》等来看，《双高学校绩效自评报告》《基于"双高绩效目标实现贡献度"信息采集表》《基于"高水平学校和专业群社会认可度"信息采集表》《基于"地方政府（含举办方）重视程度"信息采集表》等报告、信息采集表是教育部和财政部开展绩效评价的重要支撑，也将通过上述材料了解建设成效、调整相关政策、进行绩效评价做参考。

因此每个"双高"建设单位的自评报告是呈现绩效评价最为重要的材料之一。如何在教育部给定的框架内，较好地形成学校的自评报告，也是学校开展绩效评价的重要环节。由于自评报告的撰写要求和模板有相应的具体要求，各个学校需要在"规定动作"内"自由发挥"，每个学校通过自评报告开展绩效评价会在大体框架下反映自身的特点。由于教育部主管部门对自评报告的字数有限制，学校在进行自评报告总结时要特别注意凝练，做到简明扼要又不失精华。下面仅以重庆电子科技职业大学为例，从自评报告的角度分析学校的绩效评价情况。一般的自评报告框架分为：学校自评总结、绩效目标达成情况、贡献度情况、社会认可度情况、改进与思考。各单位根据总体大纲进行分板块总结，具体篇幅和侧重由学校自定，这在某种程度上十分考究学校的自身绩效评价能力。

一、学校自评总结

学校总体情况一般是总结建设单位在2019—2023年首轮"五年"建设期间的总体成效。主要内容包括以下几个方面：

一是绩效目标和建设任务完成情况，例如对照任务书的绩效指标完成率、建设任务点的完成率等。

二是建设期间的主要成果。各类标志性成果是"双高"建设的重要佐证，诸如教育部指定的76项成果，其他国家级标志性成果等。主要涉及"一加强""四打造""五提升"十个项目的相关成果，例如在人才培养方面的国家级教学成果奖、世界技能大赛、中华人民共和国职业技能大赛等；科研方面的各类国家级基金项目、科技进步奖、科研与技术服务项目经费、高水平论文等；师资队伍方面有全国高校黄大年式教师团队、国家级教师教学创新团队、"万人计划"教学名师等；专业群建设成果及在全国的排名等。例如重庆电子科技职业大学的国家级标志性成果、国家级教学成果奖、学生技能竞赛奖等，可以作为标志性成果的主要支撑。

三是可以综合描述学校的总体实力。一般可以根据软科、GDI等第三方排行进行横纵向对比。需要注意的是，由于评价维度的不同，学校在不同的第三方排名是有变化的，学校需要综合提取不同渠道的排名情况进行总结，尤其体现同类院校的排名和相较双高建设前的对比排名更能体现双高期间的建设成效和影响力。此外还可以总结一些如在校生、家长及用人单位满意度，毕业去向落实率等方面的重要指标情况。综合实力和影响力也是建设单位受到社会、家长、行业认可的重要因素。

四是经费投入和使用情况。作为职业教育的重大教育项目，建设单位涉及的资金非常大，务必要保证资金使用规范合理，使用效益高效。需要根据第三方审计机构出具的专项审计报告科学评估经费情况，做到数据真实、可靠、可信。

五是针对项目建设的总体情况，建设单位会根据绩效目标进行概括的自评，同时给予自身一个合适的自评分。自评依据主要是基于产出指标、效益指标、满意度指标、管理与执行指标等结合学校总体情况、专业群建设情况开展自评得分。

二、绩效目标达成情况

从国家绩效评价的自评报告框架来看，各个建设单位需要对学校层面绩效目标达成情况和专业群层面绩效目标达成情况进行总结，主要包括产出指标、效益指标和满意度指标三个方面。

产出指标一般包括质量指标、数量指标、时效指标。建设单位可以根据任务书的指标情况对标对表，逐个指标进行对照总结，一般包括未完成指标、已经完成指标和超额完成指标情况。

(一)加强党的建设

学校党委坚持党对高校的全面领导，深入实施“政治引领铸魂”“思政教育固本”“基层堡垒扎根”三大工程，着力推进党建“双创”，构建“一个目标、双线融合、四横四纵、四有四新”的“1244”党建工作体系。在培育教育部全国党建工作标杆院系、样板支部、“双带头人”教师党支部书记工作室方面成效显著，省部级以上党建与思政类科研项目不断新增，学校党建与思政标志性成果位列全国高职院校前列。

(二)打造技术技能人才培养高地

学校秉持“德育为先，智育创新，体美劳协同育人”理念，构建“一心三层”[①]课程思政育人体系，创新“健康知识+基本运动技能+专项运动技能+阳光体育”的体育课程体系，实行“百工博雅”美育系列计划，构建“1+8+N”[②]劳动教育课程及实践体系，探索“大专业进、小专业出”人才培养模式，实施“平台+模块”课程体系改革，打造“重电金课堂”，建立校企双元教材开发与更新机制，持续深化“三教”改革，培养卓越工匠。在国家级教学成果奖、国家规划教材、全国教学能力比赛、世界技能大赛、中华人民共和国职业技能大赛等标志性成果方面取得优异成绩，稳步提升人才培养质量。

(三)打造技术技能创新服务平台

学校紧扣重庆“416”科技创新战略布局，服务重庆“33618”现代制造业集群体系，顶层谋划“环重电”创新生态圈，创新提出“双循环三融合”科研多元协同治理模式，打造“技术研发—产品开发—成果转化—应用示范”的特色应用型科研平台，形成“1+1+N”科教协同育人模式，不断提升科研创新服务能力。积极搭建省级及以上科研平台（团队），立项获国家级基金项目，获得重庆市科技进步奖，横向技术服务项目到账经费倍增。

---

① 　立德树人“同心圆”；夯实课程思政“基础层”、培育课程思政“示范层”、构筑起课程思政“保障层”。

② 　“1”指开设劳动教育课程；“8”指八个实体二级学院将劳动教育融入到课程教学、实训课堂、顶岗实习的全过程；“N”指打造一批富有“重电”特色的劳动实践活动品牌。

(四)打造高水平专业群

学校深入推进"以群建院",紧密对接重庆市"芯屏器核网"全产业链,升级重构14个专业群,建立专业群动态调整机制,健全专业群绩效评价制度,实现"高峰高原高岗"专业群建设协同发展。紧密对接重庆市"33618"①现代制造业集群体系建设,"带数、带智、带电"升级重构14个专业群,在第三方专业竞争力排行榜中排名靠前。

其中物联网应用技术专业群创新"三共三享三自主"人才培养模式,打造"专业+模组"教学创新组织,取得全国高校黄大年式教师团队、国家级职业教育教师教学创新团队、"万人计划"教学名师、国家精品在线开放课程等国家级标志性成果174项,建成世界技能大赛光电技术赛项中国集训基地,实现中国发起的世界技能大赛新赛项"0"突破;连续3年荣获"重庆市物联网人才培养突出贡献奖"。

信息安全与管理专业群党的建设、专业建设双融双促,实施"德技共生、学教互融"教材与教法改革,创新"赛教研训"一体化教学体系,致力培养能工巧匠高端人才。取得首届全国优秀教材奖一等奖、"万人计划"教学名师、"十三五"职业教育国家规划教材、中华第一届职业技能大赛金牌选手等国家级标志性成果59项,建成世界技能大赛网络安全赛项中国集训基地;被授予"重庆市网络安全人才培养基地"。

(五)打造高水平双师队伍

创新实施"212"②人才引育工程,持续优化"334"③教师分类发展机制,高质量建设教师教学实践工作坊;健全"固定岗+流动岗"用人模式,实施"现代产业导师"等计划,有序推进教师企业实践流动站建设;健全教师考核评价与激励机制。在全国高校黄大年式团队、国家职业教育教师教学创新团队、国家"万人计划"教学名师等人才培养中颇有贡献,相较双高建设前,学校在全国高职院校教师教学发展指数中排名大幅提升。

(六)提升校企合作水平

学校创新产教联盟与专委会"双平台"、产业学院与实训基地"双实体"的集团化办学

---

① 33618:3大万亿级主导产业集群,3大五千亿级支柱产业集群,6大千亿级特色优势产业集群,18个"新星"产业集群。

② 两大计划:榜样计划、翔越计划。一个工程:桥梁工程。两项行动:破壁行动、青苗行动。

③ 管理人员、辅导员、教师岗位分类管理,教学为主型、教学科研型、科研应用为主型教师分类发展,"基础+岗位+调控与考核+奖励"四级绩效动态调整机制。

运行机制，牵头成立电子信息职教集团立项国家级示范职教集团。新一代电子信息产教融合基地入选国家发展和改革委员会"十四五"教育强国推进工程；牵头组建西部职教基地产教联合体，成功入围首批国家级市域产教联合体；成立成渝地区双城经济圈产教融合发展联盟等12个产教联盟；率先启动进一步深化园校融合服务产业发展行动计划，制定《博士进园区实施方案》《产业学院建设与管理办法》等制度，持续推进"政企园所校"合作，深度服务西部（重庆）科学城、空港工业园等12个园区，建成智能制造、网络空间安全等产业学院16个（其中市级立项2个），现代学徒制改革试点覆盖专业15个。

(七)提升服务发展水平

面向企业职工、师资等五类人群开展社会服务与培训。面向企业员工构建"四贯通·三交互·两共学"培训模式，为长安汽车等企业开展技能提升培训。面向职教师资举办国家培训。面向青少年开展职业启蒙教育等科普服务。面向新型农民实施精准帮扶，校地共建乡村振兴学院。面向社区建成社区学院、老年大学和医养健康服务中心。总社会服务量超过100万人·日，服务总收入超1亿元。获批职业学校校长培训基地、双师型教师培训基地等国家级基地。入选教育部学习型社会建设非学历教育改革创新重点任务、国家级"智慧助老"优质工作案例。

(八)提升学校治理水平

推进治理法治化，获批重庆首批依法治校示范单位。推进治理多元化，校友捐赠100万元。推进治理协同化，深化校院两级改革。推进治理自治化，形成发展性任务分解与考核评价机制。推进治理智能化，建成网上一站式办事服务大厅。推进治理民主化，完成工会、教代会和学术委员会换届，形成"四共六化"治理体系。完善以学校《章程》为统领的现代大学制度建设。

(九)提升信息化水平

持续推进院校CIO改革，优化完善制度。夯实校园数字基础底座，优化互联网出口带宽。升级智慧教学服务平台，开展课程混合教学改革。提升师生信息供给能力，建设校园数字化应用场景。建成校本数据中心，共享数据集合，创设数据综合应用。提高线上业务办理覆盖率、校本数据共享率。构建"教学研"共生型建设模式，赋能职业教育数字化转型升级。建成国家级专业教学资源库、国家精品在线开放课程等。

(十)提升国际化水平

以联盟赋能、项目牵引、海外办学为路径，深化国际交流合作。成立中非（重庆）职业教育联盟等国际交流平台，将岗位职业标准纳入国际职业教育体系。获批教育部国际化项目，为非洲等地区培育海外技能人才。依托丝路学院等海外办学点，招收留学生。坚持教随产出，构建职业教育国际合作新形态。联合长安等"走出去"企业实施教育部教育援外项目、经世项目、中文工坊等重点项目。

三、贡献度情况

(一)引领职业教育改革，积极贡献"重电"发展经验

"重电"引领职业教育改革的贡献度主要体现在人才培养、课程改革和治理体系改革等三个方面：

创新能工巧匠人才培养模式。成立校企课程开发组，构建职业能力与创新能力相互支撑的课程体系；依托产业学院，创新学校导师与企业工匠校企协同的教学模式；整合行业资源孵化项目，打造孵化项目与扶持创业有机联动的培养平台，着力培养具备工匠精神、职业能力和创新能力的能工巧匠。人才培养模式改革获国家级教学成果奖一等奖。

推进专业群"平台+模块"课程体系改革。坚持能力本位，依托与华为、中兴等共建的校企联盟载体，协同开发岗位导向课程模块；坚持通专融合，整合通识基础、专业基础平台，重构通识拓展、专业方向、专业拓展模块，形成"两平台+三模块"专业群课程体系；坚持学生中心，推行专业可选、课程可选、进度可选、增量学习"三选一增"个性化实施机制。课程体系改革获国家级教学成果奖二等奖。

深化"126"协同治理体系改革。在"四共六化"基础上，升级重构"一统、两驱、六化"协同治理体系。以党建统领事业发展，找准内部治理改革方向；以创新考核评价和改革绩效分配为两驱，增强内部治理改革动力；实现观念现代化、工作体系化、运行法治化、管理扁平化、平台数字化、能力实战化。学校综合办学实力跻身全国高职第一方阵，多所兄弟院校到校交流学习治理经验。

(二)主动服务国家战略，全力支撑地方经济社会发展

服务国家战略、支撑地方经济社会发展主要体现在人才培养、科技创新与国际交流三个方面：

以人才培养服务现代化新重庆建设。紧密对接新一代信息技术等战略性新兴产业和重庆市"33618"现代制造业集群体系建设，双高建设期间为重庆地区输送高素质技术技能人才近4万人，毕业生专业对口率、本地就业率、服务高端产业和产业高端占比等位居前列，为重庆打造"智慧名城""智造重镇"提供人力支撑。

以科技创新助力西部（重庆）科学城建设。智能化传承创新服务"卡脖子"技术攻关，攻克高性能芯片先进封装技术键合等关键技术，解决激光器与硅光基板耦合效率低等技术难题，研发的大光敏面APD芯片获中国激光"金耀奖"铜奖。数字化服务"数字重庆"一把手工程，打造西部第一个数联网试点工程，发布国内第一个面向三医数据协同交换的技术标准，开发出国内首个具备隐私计算的数联网节点接入设备。成立重庆市第一个科技成果概念验证中心，以技术创新成果助力成渝地区企事业单位"数转智改"，为企业带来经济效益近8亿元。

以国际交流服务西部陆海新通道建设。依托重庆市国际化特色项目，紧贴中亚、东盟产业需求，拓展与哈萨克斯坦、老挝、泰国等高校和机构合作，开发电子信息类、智能制造类专业教学标准、资源等并在海外推广应用，为老挝开发"空气质量智能感知与监测平台"，服务万象IRIST学院等教学，提升中国职教影响力。

(三)积极贡献"重电"智慧,为制定标准和政策建言献策

制定标准和政策主要体现在修订、制定或参与制定职业教育领域的专业标准以及起草职业教育重大政策两个方面：

制定职业教育领域国家标准。牵头修订教育部电子信息类职教本科、高职、中职专业目录，制定汽车智能技术等职业教育专业国家标准；参与X证书标准制定，助力国家职业教育标准体系建设。

牵头起草职业教育重大政策。学校牵头起草部市共建《深化现代职业教育体系改革 服务成渝地区双城经济圈建设实施方案》（渝府发〔2023〕22号）《打造市域产教联合体 深化现代职业教育改革实施方案》（渝府办发〔2023〕69号）等。撰写的多项咨政成果被政府部门采纳。

四、社会认可度情况

社会认可度作为自评的重要内容，主要体现在校生的获得感、毕业生就业情况、教职工归属感以及用人单位的评价等。重庆电子科技职业大学（原重庆电子工程职业学院）通过委托麦可思数据有限公司、北京新锦成教育技术有限公司等开展问卷调查，以第三方评价的方式呈现五年期间学校双高建设的社会认可度情况。调查问卷结果显示，在校生、毕业生等服务对象满意度均达到目标值。具体表现在：

一是在校生获得感强。例如学校实施"星光大道奖励计划"，促进学生多样化成才。深化"1368"[①]学生智慧管理模式，丰富第二课堂。推进"一站式"学生社区综合育人，提升学生体验感和获得感。在校生对学校教学管理、课堂育人、课外育人、后勤服务等多个方面十分满意；二是毕业生价值感强。通过依托学生画像智能匹配岗位要求，"一对一"暖心帮扶，实现分层分类精准就业指导。保障初次毕业生去向落实率。建设期间高端产业与产业高端就业率、毕业生满意度大幅提升；三是教职工归属感强；学校通过系列改革，促进教师整体薪酬水平稳中有进，优绩优酬全面普及。通过开展书记新教师入职第一课、校长签名赠书、"重电"e家等"品牌服务"彰显学校温度，有力提升教职员工满意度；四是用人单位评价高。五年建设期间学校的毕业生质量广受好评，学校服务企业3000余家。学生岗位适应力显著提升，毕业三年晋升比例为96.8%。企业认可度持续提升，获企业行业投入1.9亿元；五是家长满意度高。学校广受家长和考生欢迎。从近三年招生计划数据来看，学校招生完成率100%。通过升级"家校通"微服务等，不断提升家校共育水平。通过多方面的数据呈现学校在双高建设期间的社会认可度。

五、改进与思考

五年"双高计划"建设期间，学校综合实力得到了大幅度提升。但是经过分析发现，学校在产教融合的深度方面、高水平科研平台打造与"卡脖子"技术突破、推进数字校园建设及电子信息特色的"重电"国际品牌等方面还存在一定不足。

一是深化产教融合。产教融合是职业教育的核心竞争要素。近年来学校已有诸多探索，例如出台产教融合制度，出台《关于进一步深化园校融合服务产业发展的行动计划》等20余项制度，落实"一院一园"（一个二级学院对应一个园区）的办学模式，实施百名博士下园区、双师型教师"五个一"工程、现场工程师培养等，探索多元化育人机制；成立更多的产教联合体、共同体，促进"五链"有机融合。下一步学校依托国家级示范性重庆电子信息职业教育集团，创新"平台+实体"职教集团治理机制，深化推进职教集团实体化运

---

① 1368:1是一个目标,立德树人;3是权力清单、责任清单、负面清单;6是"六讲五不"学生规范;8是辅导员八双管理。

作；充分整合职教集团资源，联合行业龙头企业，深入推进中国特色学徒制人才培养，深化学徒制培养理论研究与实践探索，形成可推广的实施内容、路径及典型经验,争取在供需对接和就业育人方面实现国家级标志性成果突破。

二是加强"卡脖子"技术难题研究与转化。学校需要发挥学校地处高新区科学城"智核区"的区位优势、紧密联系"芯屏器核网"的产业优势以及围绕特色专业群的技术积累优势，加强高层次"数智化"科研创新平台建设，依托博士、国家"万人计划"教学名师等高层次人才和国家级黄大年式教师团队、教师教学创新团队，在面向中小微企业提供技术服务的同时，要加强"卡脖子"技术难题研究与转化，服务长江经济带绿色智能发展，进一步彰显学校支撑国家战略和区域经济社会发展的贡献度。

三是进一步深化信息化与数字化应用水平。作为一所特色鲜明的电子信息职业院校，学校信息化硬件建设具有领先优势，但需要加快建设大数据中心，进一步加强数字化校园建设，提升基于数字化的学校治理服务效能；全面深入推进"互联网+"教学改革，充分应用国家精品在线开放课程等线上资源，全面推广线上线下混合教学，提升教学水平。

四是进一步提升国际化办学水平。依托"重电"海外分校、"鲁班工坊"和国际产业学院，围绕国际化教学资源建设、国际合作办学、国际合作科研等方面，打造学校职教国际化品牌，进一步提升国际化办学水平，增强服务"一带一路"能力，特别是高水平专业群建设。

从职业教育的发展趋势来看，未来国家将会加大对职业教育的建设，伴随着第二轮"双高计划"的开展，作为职业教育的"龙头"建设工程，还将在职业教育的发展过程中扮演重要角色，"双高计划"的绩效评价将会变得越来越重要，绩效评价也会变得更加科学和全面。

第四章 特色管理：
"重电""双高"过程管理

重庆电子科技职业大学严格落实《教育部 财政部关于实施中国特色高水平高职学校和专业建设计划的意见》精神，结合学校实际情况，经学校党政研究，成立了重庆电子科技职业大学"中国特色高水平高职学校和专业群"建设（简称双高建设）领导小组，学校党委书记、校长亲自任组长。下设政策发展研究与双高建设管理工作组（简称双高办）、双高建设专项工作组、双高建设保障工作组。"双高"建设管理组织架构如图4-1所示。

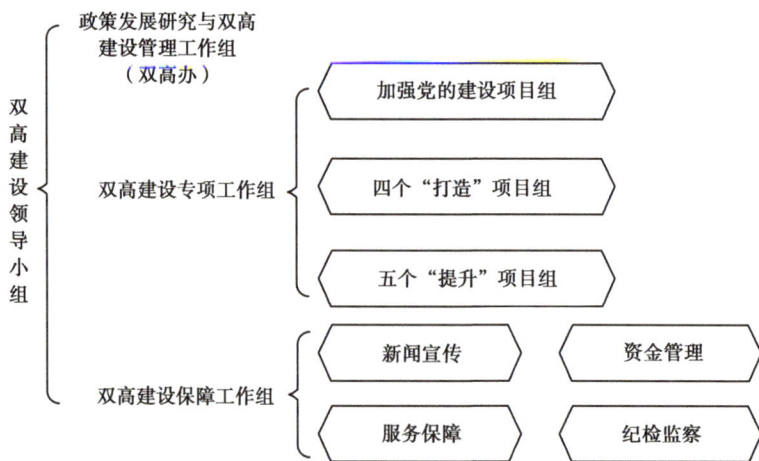

图4-1 "双高"建设管理组织架构

全校21个职能部门、8个实体性二级学院、3个功能性二级学院全部参与“双高计划”建设中。双高办参照学校党政管理内设机构，负责学校双高建设（含提质培优）日常管理与推进工作。

第一节　管理模式

重庆电子科技职业大学（原重庆电子工程职业学院）通过坚持导向、把握原则、紧抓重点，实现了学校“双高”建设流程规范清晰、责任细化落实、组织协同高效的精细化管理，形成了优良的执行文化与进取氛围，推动了学校“双高”建设点面开花，在多个领域取得了标志性成果突破。

结合学校实际努力探索、创新举措，坚持“一核心双统一五强化”管理模式，以“绩效导向”为核心，把握“双高”建设与日常工作相统一、标志性成果打造与内涵建设相统一两大原则，通过强化绩效指标设计与四级任务落实、项目经费动态管理、建设进度实时监测、大项目采购两级论证、沟通协调机制等关键环节，不断推进“双高”管理走向精细化，助力学校“双高”建设提质增效。

一、坚持以“绩效导向”为核心，完善“双高”建设管理制度体系

一是出台《“双高计划”项目建设管理办法》，明确管理组织架构与职责、项目实施与评价，体现以绩效为杠杆推动项目建设；二是出台《“双高计划”项目资金管理办法（试行）》，坚持“花钱必问效、无效必问责”原则，提升资金使用绩效；三是出台《“双高计划”绩效考核实施办法》，以量化细化指标为主，加强“绩效指标完成情况”“资金使用”“对外宣传与特色创新”考核力度，引导项目组围绕绩效目标提高绩效产出；四是出台《“双高”建设突出贡献奖遴选办法（试行）》、实施“双高”年度专项激励，充分发挥绩效激励作用。此外依托第三方探索开展“双高”建设绩效评价，为学校“双高”建设把脉问诊，进一步提升建设绩效。

二、把握"双高"管理两大原则,实现项目建设与学校发展同频共振

(一)交融并进,"双高"建设与日常工作相统一

一是以考核为抓手,将"双高"建设任务作为发展性指标纳入职能部门考核、分解到二级学院考核当中,同时将"双高"考核结果与二级单位考核、处科级干部考核、教职工考核结果挂钩,倒逼"双高"任务与学校日常工作有机结合,避免出现"两张皮"。

二是结合学校"十四五"发展规划中的重点任务,动态补充"双高"建设任务、调整"双高"经费,保证"双高"建设与学校重点工作始终同向同行。

(二)点面结合,标志性成果打造与内涵建设相统一

一是在建设任务、绩效指标设计上点面兼顾。如围绕"三教"改革设计了"线上课程开课率""校企合作开发教材占比"等指标,就教师教学能力提升加强专家督导,建立了"金课堂""教学能力竞赛""教师创新团队"等校内培育遴选机制,形成了教师积极参与教学改革的良好氛围,为标志性成果的打造提供沃土,2021年厚积薄发取得了国家级教学能力比赛一等奖2项,编著国家级教材X部。

二是在项目经费投入上突出重点、兼顾保障。向重点项目倾斜,集中优势产出标志性成果的同时,注重保障面上内涵建设。如在项目三中投入经费4000万元建设环"重电"生态圈和重点科研平台,同时投入1000万元支持学校科研氛围打造、体制机制建设,推进科研工作持续发力。

三是在典型案例凝练与对外宣传上不断加强引导。以绩效考核与激励为手段,引导各项目组在标志性成果打造外,注重体制机制建设与模式创新,系统总结、凝练典型案例并推广宣传,助力学校内涵建设与业界影响力提升。

三、抓住五个关键环节,不断强化"双高"建设过程管理

(一)强化绩效指标设计与四级任务落实

通过横纵向数据比较,科学设计"双高"年度绩效指标,明确阶段性主攻点和突破口;将提质培优项目作为子项目纳入"双高"建设,在"双高"四级任务管理的基础上实行项目负责人制,不断优化"双高"(含提质培优)任务书编制,通过做实做细双高四级任务书,明确建设与管理主体责任,并将任务完成率、绩效指标完成率作为年度考核主要内容。

(二)强化"双高"建设经费的动态调整

按照精细化管理要求,经费落实到第四级子项目及具体项目责任人上,并根据年度指标任务、上年绩效考核结果及资金预算执行情况等,全面统筹、动态调整,提高经费配置效益和使用效率。

(三)强化基于信息化平台的建设进度实时监控

升级信息化管理平台,对各项目建设进度、绩效指标完成情况、资金使用情况、标志性成果完成情况进行动态监测,对进度滞后的项目提示预警;根据建设进度定期发布双高建设月报,及时发布建设资讯及阶段性成果。"双高"建设信息化管理平台—绩效完成情况如图4-2所示。

图4-2 "双高"建设信息化管理平台—绩效完成情况

(四)强化"双高"大项目采购两级论证

不断细化大项目立项论证、实施方案论证两级流程,编制《"双高"大项目采购论证指南》,保障大项目采购工作规范、高效推进;分领域邀请校企专家完善论证专家库,实现专业大类全覆盖。"双高"大项目采购立项论证流程如图4-3所示。

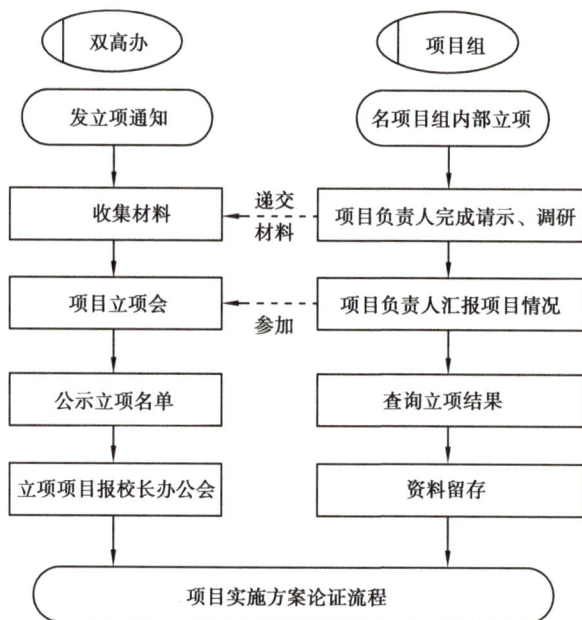

图4-3 "双高"大项目采购立项论证流程

(五)强化管理部门与项目组、二级学院沟通协作

以学校双高办为纽带,畅通项目组和二级学院的沟通机制,分别设立项目组联络人和二级学院"双高"工作联络人,交叉矩阵结构确保管理部门、项目组与二级学院三者在工作中有效对接,目标一致齐发力。常态化召开"双高"工作例会、交流会,开展工作调研,对发现的问题困难及时沟通交流、分析研讨,共同破除"双高"建设障碍。交叉矩阵式双高项目管理模式如图4-4所示。

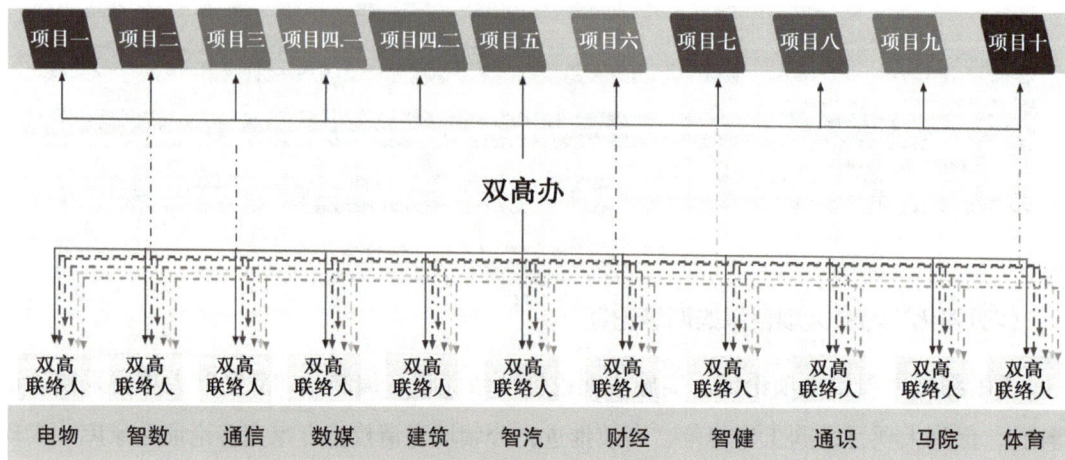

图4-4 交叉矩阵式双高项目管理模式

第二节 过程管理

一、落实丰富"双高"年度任务

根据学校双高计划建设任务书，将提质培优行动计划融入"双高"建设，根据职业教育新文件、新发展、新项目，每年对双高建设任务进行动态调整。在保证原双高任务完成的基础上，新增绩效指标、验收要点，根据任务动态调整经费投入，形成"双高建设"年度任务书，将"双高"建设任务作为学校发展性考核指标纳入职能部门考核，避免出现学校重点任务与双高建设"两张皮"的现象。

二、落细年度任务到具体承接部门及承接人

在学校"双高"年度任务基础上，逐级分解"双高"建设任务，将绩效指标、提质培优任务、验收要点分解到承接指标的二级学院及负责人，形成"双高"四级任务书（双高建设项目任务书、提质培优牵头部门任务书、提质培优承接任务书、二级学院任务书），强化各负其责、齐抓共管、互动有力、运转高效的建设局面。

三、实施双高大项目采购两级论证

双高大项目采购作为双高建设的重要环节，学校细化大项目立项论证、实施方案论证两级流程，编制《"双高计划"大项目采购论证指南》，提高学校各二级部门的采购效率与采购质量；分领域邀请校企专家完善论证专家库，实现专业大类全覆盖，建立大项目专账。

四、利用平台监测双高建设进度

相较于其他项目建设，"双高计划"建设职能部门及二级学院参与广、任务繁多、指标体系复杂，利用双高管理平台实现面对多层级项目建设进度、产出成果的高效管理，平台从以下几点提高双高计划项目管理效能：

根据双高 V3.0 的管理模式，利用平台将任务分解为多级任务，落实落细到各个负责具体任务的承接人，平台定义九类角色并赋予不同权限，覆盖双高参与建设者、管理者，对

任务从设置、分解到执行安排、进度跟踪、成果管理、经费管理等全过程进行管理,具体角色及权限见表4-1。

表4-1　角色及权限

角色名称	权限对象	平台权限
学校领导	所有项目	查看项目数据报表; 查看绩效指标、验收要点、大项目完成情况及相关材料
双高管理人员	所有项目	查看、编辑绩效指标、验收要点、大项目相关数据; 审批项目变更流程
一级项目负责人	所负责的一级项目	查看绩效指标、验收要点、大项目相关数据; 审批项目变更流程
二级项目负责人	所负责的二级项目	查看绩效指标、验收要点、大项目相关数据; 审批项目变更流程
二级学院负责人	所负责的二级学院	查看绩效指标、验收要点、大项目相关数据; 审批项目变更流程
绩效指标负责人	所负责/承接的绩效指标	查看、补充填报绩效指标相关数据; 审批绩效指标变更相关流程
大项目承接人	承接的大项目	填报大项目进度等相关数据; 提交大项目变更相关流程
二级学院指标承接人	承接的绩效指标	填报绩效指标相关数据; 提交绩效指标变更相关流程
验收要点承接人	承接的验收要点	填报验收要点相关数据; 提交验收要点变更相关流程

平台中绩效指标分三级,与成果管理系统对接,指标承接人填报,指标负责人、分管领导逐级审批,平台自动汇总。验收要点分两级,落实到验收要点负责人,由负责人填报预计完成时间、每月填报进度及佐证。已立项的大项目落实到项目承接人,对接学校招标采购平台,实时更新大项目建设情况。项目经费对接财务系统,实时更新项目经费支付情况。

通过填报情况自动统计验收要点、绩效指标、大项目以及经费情况,形成项目报表,按月监控项目建设进度,并对延迟完成的任务进行预警。

双高年度考核通过平台对项目完成情况进行统计,考核专家通过平台检查各项目年度验收要点和绩效指标的佐证是否充分有力,以此为依据进行评分。

第三节　考核评价

　　“双高计划”绩效管理（简称绩效管理）是指“双高计划”建设学校（简称学校）、中央及省级教育部门和财政部门或第三方机构依据设定的绩效目标实施过程监控，开展绩效评价并加强评价结果应用的管理过程。绩效评价按照宏观、中观、微观分为学校层面“双高”建设绩效评价、项目组建设任务绩效评价和大项目采购绩效评价。按照评价阶段分为年度、中期及实施期满绩效评价。评价工作应当做到职责明确、突出重点，相互衔接、科学公正、规范透明。

　　绩效评价是规范和加强“双高计划”绩效管理，明确责任，提高资金配置效益和使用效率，确保绩效目标如期实现的重要方式。我校开展绩效评价的依据主要有《中共中央 国务院关于全面实施预算绩效管理的意见》《现代职业教育质量提升计划资金管理办法》（财教〔2019〕258号）《教育部 财政部关于实施中国特色高水平高职学校和专业建设计划的意见》（教职成〔2019〕5号）《中国特色高水平高职学校和专业建设计划绩效管理暂行办法》（教职成〔2020〕8号）《重庆市教育委员会重庆市财政局关于印发重庆市“中国特色高水平高职学校和专业建设计划”建设单位中期绩效评价工作方案的通知》《重庆电子科技职业大学“双高计划”考核实施办法》等有关规定。

一、学校“双高”建设绩效评价

　　学校层面“双高”建设绩效评价的目标是确保“双高计划”在实施期内达到预期的产出和效果，同时加强与同类院校横向比较，明确差距，找准发力点。根据《中国特色高水平高职学校和专业建设计划绩效管理暂行办法》（教职成〔2020〕8号）文件有关规定，评价的内容包括“双高计划”任务书绩效指标完成情况、标志性成果取得情况、“双高”建设在引领改革、支撑发展、标准制定等方面的贡献度情况、社会认可度情况、资金使用及管理情况等。

　　学校层面“双高”建设绩效评价的对象为学校“双高”整体项目、两个国家级高水平专业群和两个省级高水平专业群。绩效评价和实施期满评价根据相关文件由中央及省级教育部门和财政部门组织实施。学校可委托第三方机构通过标杆分析法，与A类“双高”院校、电子信息类"双高"学校及专业群在标志性成果、社会认可度等方面进行横向比较，明确优势与劣势。

中央及省级教育部门和财政部门组织实施的绩效评价结果以及第三方机构出具的绩效评价报告，是学校决策和资源配置的重要依据。学校将根据绩效评价结果优化补充"双高"建设任务，动态调整"双高"建设经费。

二、项目组建设任务绩效评价

"双高"项目组建设任务绩效评价的目标是保证学校"双高"项目建设工作顺利实施，提高资金配置和使用效益，确保绩效目标如期实现。根据学校《"双高计划"考核实施办法》有关规定，以学校内部备案的年度"双高"指标为评价依据，综合考虑项目管理、任务进度、绩效目标、标志性成果、模式创新、资金使用等方面综合因素。

项目组建设任务绩效评价的对象为"双高"各级子项目。其中"双高"一级项目组、承接"双高"计划任务的二级学院及提质培优建设任务由双高办和财务处组织评价，其他子项目由上一级项目组进行评价。

评价期限为当年1月至当年12月，当年年末完成评价并形成评价结果。评价采用线上线下相结合的方式，线上材料依托智慧校园综合信息平台进行，线下考核以现场汇报与答辩为主，结合项目组提交自评材料进行。

评价结果分为"优秀""良好""合格""不合格"四个等次。"优秀""良好"比例各不超过30%。评价分值低于60分评价结果为"不合格"。

评价结果为"合格"及以上等级的一级项目、二级项目、"良好"及以上等级的三级项目、"优秀"等次的提质培优四级子任务和双高建设考核为"优秀"等次的二级学院可参与双高专项激励分配。

评价结果低于75分的各级项目负责人不参与个人年度评优；评价结果未取得"良好"及以上的一级项目牵头部门和负责人、二级学院和负责人不参与年度评优（如二级单位或负责人承担多个建设项目，"良好"及以上比例低于50%不参与评优）。对评价结果为"不合格"等次的一级子项目牵头部门、二级学院、部门（学院）负责人按对应双高专项激励标准的一定比例减发绩效；对考核结果为"不合格"等次的其他各级子项目负责人按对应双高专项激励标准的一定比例减发绩效。

三、大项目采购绩效评价

大项目采购绩效评价的目标是确保大项目采购顺利实施，并实现绩效产出，提高双高经费配置效益和使用效率。根据大项目特点，从定性与定量两个角度综合考量，评价的内容包括大项目建设情况、使用情况、绩效产出情况等三个方面。

大项目采购绩效评价应在上半年完成，由双高办、财务处、资产管理处统筹协调，具体实施；评价对象为上一年度各项目组、二级部门采购的全部"双高"大项目；采取二级部门自评、项目组复核、学校组织专家评审相结合方式进行。

大项目采购绩效评价结果采取评分和评级相结合的方式。单个项目满分设置为100分，具体评分细则见附件《重庆电子科技职业大学"双高计划"大项目绩效评价打分表》。评价等级划分为四档：90（含）—100分为"优秀"、80（含）—90分为"良好"、60（含）—80分为"合格"、60分以下为"不合格"。

各项目组和二级部门以所实施的所有"双高"大项目得分的平均值为最终得分，并确定等级。

最终评价等级为"合格"以上的大项目参与双高专项激励分配；最终评价等级为"合格"及以上的实习实训条件及资源建设类大项目，根据评价等级和项目经费情况分别给予项目采购小组成员一定学时的教育教学管理工作课时认定。

最终评价等级为"不合格"的大项目，限期整改，取消项目负责人年度评优评先资格，并全校通报批评，且下一年度不得申报学校相关教学科研项目；限期整改仍不合格的，对项目负责人予以问责追责。

评价等级为"良好"及以上的项目组或二级部门，在年度"双高"考核中同等条件下，优先作为"优秀"等次对象。评价等级为"不合格"的项目组或二级部门，全校通报批评，取消二级部门或项目组年度双高考核评优资格，取消二级部门年终考核评优资格，取消部门负责人年度评优评先资格。

发生经济责任事故的项目，给予所在二级部门和项目组年度双高考核不合格，全校通报批评；并对项目负责人予以问责追责。

四、考核办法

（一）考核原则

本办法依据"双高"绩效目标应"着重对接国家战略，响应改革任务部署，紧盯"引领"、强化"支撑"、凸显"高"、彰显"强"、体现"特"，展示在国家形成"一批有效的职业教育高质量发展政策、制度、标准"方面的贡献度"的具体要求，结合我校提质培优行动计划整体纳入"双高计划"同步建设的实际情况，以双高建设年度绩效目标完成度、标志性成果产出、资金使用情况为核心，综合考虑机制模式创新、贡献度与认可度、项目管理等方面因素，对整个建设周期内各项目建设成果和成效进行客观、公正的测量、分析和评判，并以此为依据对各项目工作组及项目责任人实施考核奖惩。考核坚持以下原则：

（1）项目成果导向与项目过程管理相结合；

（2）核心标志成果与机制模式创新相结合；

（3）定性总结评价与定量指标考核相结合；

（4）线上材料审核与线下汇报评审相结合。

（二）考核时间范围

对照建设方案与任务书，以整个建设周期（2019—2023年）为时间范围开展年度双高建设绩效考核。

（三）考核适用对象

本办法适用对象为承接"双高计划"(含提质培优)建设任务的各牵头部门、二级学院和各级子项目负责人，具体考核项目承接部门、负责人另附。

（四）考核内容与标准

考核内容包括项目完成情况（50分）、项目资金情况（20分）、项目建设成效（20分）、项目过程管理（10分），详见附件《重庆电子科技职业大学"双高计划"建设终期考核评分表》。

（1）项目完成情况重点考察各项目组终期绩效指标、验收要点、标志性成果完成情况与完成水平。

（2）项目资金情况重点考察各项目组终期资金是否使用到位、规范高效，行业企业资金投入是否到位。

（3）项目建设成效重点考察各项目组在引领改革、支撑发展、助推政策、制度和标准制定等方面的贡献度，以及双高建设中形成的可复制可推广的典型经验及相应的宣传推广情况。

（4）项目过程管理重点考察各项目组数据填报是否及时规范、大项目采购实施是否规范高效、过程管理资料是否翔实。

(五)组织与实施

双高建设项目年度考核工作在学校绩效考核领导小组领导下开展，由双高办统筹实施，于12月20日前完成考核。采用线上线下结合的方式，线上主要审核各项目组提交材料，线下以现场汇报与答辩为主要形式。

双高一级子项目、二级学院双高建设任务及提质培优建设任务考核由双高办组织实施。其他各级子项目考核由上一级子项目参考附件《"双高计划"建设终期考核评分表》进行考核。

(六)考核结果确定

1.考核结果等次

各级子项目考核结果分为"优秀""良好""合格""不合格"四个等次。"优秀"等次控制在30%以内，"良好"等次控制在30%以内。原则上总分高于60分又未被评为"良好"及其以上等次的为"合格"；考核分值在60分以下者为"不合格"。

有下列情况之一者，双高建设考核不能评为"优秀"等次：

（1）绩效指标完成率低于100%；

（2）在学校开展的大项目绩效评价中，存在等次为"不合格"的项目。

有下列情况之一者，双高建设考核等次直接为"不合格"：

（3）绩效指标完成率低于95%

（4）经费报账率低于95%；

（5）经审计，经费使用方面存在严重违规问题。

2.考核结果等次的确定

双高一级子项目、提质培优任务、二级学院双高终期考核结果等次由学校绩效考核领导小组根据年度考核分数和项目建设实际推进等情况综合评议，经学校校长办公会审议后，最终报学校党委会审定。

其他各级子项目考核结果等次由上一级子项目根据终期考核分数和项目建设实际推进等情况综合评议决定。

(七)考核结果应用

(1)年度考核认定为"合格"及以上等次的双高一、二级项目,"良好"及以上等次的提质培优任务(双高三级子项目),"优秀"等次的提质培优承接任务(双高四级子任务)和双高建设考核为"优秀"等次的二级学院予以专项工作激励。

(2)考核结果低于75分的各级项目负责人不参与个人年度评优;考核结果未取得"良好"及以上的一级子项目牵头部门和负责人、二级学院和负责人不参与年度评优(如二级单位或负责人承担多个建设项目,"良好"及以上比例低于50%不参与评优)。

(3)考核结果为"不合格"等次的一级子项目和二级子项目不予奖励;对考核结果为"不合格"等次的一级子项目牵头部门、二级学院、部门(学院)负责人按对应双高专项激励标准的一定比例减发绩效;对考核结果为"不合格"等次的其他各级子项目负责人按对应双高专项激励标准的一定比例减发绩效。

重庆电子科技职业大学"双高计划"建设终期考核评分表见表4-2。

表4-2 重庆电子科技职业大学"双高计划"建设终期考核评分表

主要指标	指标分解	评分标准	备注说明
项目完成情况(50分)	1.绩效目标与验收要点完成情况(30分)	终期绩效目标完成率*20分+终期验收要点完成率*10分	由考核部门对平台提交数据及佐证材料进行核查,如佐证材料不能有力支撑按未完成计算,如发现存在弄虚作假情况该项计0分
	2.任务完成水平分(20分)	分为三档: 9~10分:任务完成水平高,横纵比较标志性成果突出,支撑材料有力。 6~8分:任务完成水平较好,横纵比较标志性成果较多,支撑材料较为完善。 0~5分:任务完成水平较低,横纵比较标志性成果较少,支撑材料不完善	由专家根据各项目任务完成率、标志性成果质量、支撑材料质量等进行定性评价

主要指标	指标分解	评分标准	备注说明
项目资金情况（20分）	1.资金支出情况（15分）	终期资金支出率*15分。未经批准，擅自调整项目资金用途者，每发现一笔扣3分；未经批准，随意调整项目资金金额者，每发现一笔扣3分；扣完为止	由财务专家进行定量评价，以财务处提供的各项目终期资金支出率作为考核依据
	2.企业投入情况（5分）	终期行业企业投入到位率*5	行业企业投入按照总预算到账，以经过第三方评估后的投入额作为计算到位率依据
项目建设成效（20分）	1.社会效益（10分）	分为三档： 9~10分：在引领职业教育改革、人才培养等方面示范作用突出/对国家战略和区域经济发展方面支撑有力/对政策、制度、标准制定贡献突出。 6~8分：在引领职业教育改革、人才培养等方面示范作用明显/对国家战略和区域经济发展方面支撑较大/对政策、制度、标准制定贡献较大。 0~5分：在引领职业教育改革、人才培养等方面示范作用不明显/对国家战略和区域经济发展方面支撑较弱/对政策、制度、标准制定贡献较弱	由专家根据自评材料、标志性成果等对各项目在引领改革、支撑发展、助推政策制度标准制定方面的成效进行定性评价

续表

主要指标	指标分解	评分标准	备注说明
项目建设成效（20分）	2.典型案例(5分)	分为三档： 4~5分：总结形成具有推广价值的特色经验、机制和模式，案例的典型性、示范性和创新性高。 2~3分：总结形成具有一定推广价值的创新机制、经验模式，案例有一定典型性、示范性和创新性高。 0~1分：案例推广价值不高，典型性、示范性和创新性不高	由专家从典型性、示范性、创新性等方面对各项目提交的典型案例进行定性评价
	3.经验宣传与推广(5分)	双高建设典型经验在国家级官方平台宣传报道(教育部、高职高专网、校长联席会等)或在核心期刊发表，1次得2分；被其他省级及以上媒体上报道，1次得0.5分	由考核部门根据各项目典型经验宣传推广情况进行定量评价
项目过程管理（10分）	1.双高终期自查(5分)	各项目组按照终期验收标准开展自查，由学校组织专家进行预评审	由考核部门根据专家评分评级情况进行赋分
	2.项目日常管理(2分)	按时提交终期考核等各类材料，及时填报平台数据，每延迟1次扣0.5分	由考核部门根据日常管理情况进行评价
	3.大项目采购规范性(3分)	根据2023年开展的大项目绩效评价得分进行等比例折算	由考核部门根据大项目采购论证及实施情况进行评价

*注：

(1)无某项指标的项目(如部分项目无大宗物资采购相关指标)，评分时忽略该指标并相应调低满分进行核算，然后按百分制换算，即为最后得分。

(2)因经费使用性质及合同签订内容等原因，资金明确无法100%支出的项目，在年初以书面申请的方式提交双高办，供财务专家年终评审时参考。

第四节　奖励措施

一、"双高"建设工作认定

　　"双高"四级任务书中，落实落细每级任务责任人及任务团队核心人员，结合"双高"年度考核结果进行工作评价认定，将参与"双高"建设任务在学校评优评奖、职称评审等体系中予以着重体现，比如参与双高大项目建设可认定为一定量的课时；对"双高"建设中工作不力的部门和个人在评优中予以一票否决。以健全课程资源建设与应用的项目年度建设任务（节选）为例（表4-3）。

表4-3　2022年度建设任务基本情况（节选）

项目信息	项目负责人	姓名	段××	职务		子项目联系人	姓名		职务	
		电话	136××××××	E-mail	5××××××@qq.com		电话		E-mail	
	项目团队核心成员	代××、谢×、刘××、黎×、廖××、邓×、唐×、冉×、董××								
年度建设任务、主要举措、预期成效与改革突破（1000字以内）	一、年度建设任务 　　健全课程资源建设与应用的长效管理机制,保障在线课程建设质量和应用效果;全面推进线上线下混合教学,提高在线课程应用效果;开展公开课和教师教学比赛,全面提升课堂教学质量;建立行企校多元协同专业群教学资源开发规范,打造高水平专业(群)教学资源库,形成校际/校企间资源共建共享共维机制;围绕物联网应用技术高水平专业群建设,形成专业群教学质量标准、课程模块建设标准等具有引领作用的物联网技术领域职业教育标准体系,以项目为载体创新"模块→课程→项目"三级教学资源建设及动态调整机制;循着专业群"五位一体"平台+模块课程体系建设思路,紧跟行业技术发展趋势,面向专业群内重点打造的基础平台及专业核心课程,纳入行业新技术、新工艺、新规范以及职业岗位对应职业标准内容和发展变化,不断更新优化现有在线开放课程,适当新增建设课程资源,加强推广应用,提升学校影响力。 二、主要举措 　　1.健全课程资源建设与应用的长效管理机制,保障在线课程建设质量和应用效果 　　修订《"金课堂"建设实施方案》,将课程建设应用效果、资源推广情况、资源共建共享情况、国家级课程数、省级课程数、校级课程数、线上课程开设率、在线课程上线率、教师开展混合教学比例、教师参与"金课堂"评选比例、开展示范公开课、教学比赛获奖等系列指标纳入对二级学院的绩效考核中。 　　2.全面推进线上线下混合教学,提高在线课程应用效果 　　(1)全面推进教师在国内开放平台实施线上线下混合教学。										

二、"双高"突出贡献奖

学校制定"双高"突出贡献奖遴选办法，对参与"双高"建设中做出突出工作业绩的贡献者、管理者进行表彰，每年遴选10人，推荐被表彰人参评"双高"建设相关科研与教改项目申报。

三、"双高"专项激励

实施"双高"专项激励，将典型案例、提质培优项目、二级学院"双高"考核等纳入激励分配，年均分配激励600余人。

第五章 成果聚焦：
"重电""双高"建设典型案例

重庆电子科技职业大学作为首批"双高计划"高水平学校建设单位（B档），经过五年建设，在引领职业教育改革、支撑国家战略和地方经济社会发展、参与职业教育及国家标准制定等方面积极探索，形成了系列可供推广、借鉴的典型案例和成功经验，体现了对我国职业教育的贡献度。其具体表现在10个建设项目中。

第一节 加强党的建设

学校坚持以习近平新时代中国特色社会主义思想为指导，把培育创建重庆市首批"党建工作示范高校"作为推动学校事业发展的重要契机，积极实施"政治引领铸魂""思政教育固本""基层堡垒扎根"三大工程，不断夯实基层基础，拓展工作内涵，探索构建上下贯通、执行有力的"一个目标、双线融合、四横四纵、四有四新"的"1244"①党建工作体

---

① "1"即一个目标,围绕立德树人根本任务加强党的建设;"2"即双线融合,围绕党建工作与学校事业双线深度融合发展的工作思路推进党的建设;"4"即四横四纵的工作举措,包括"四大路径"提升政治领导力,"四维协同"提升思想引领力,"四好工程"提升基层组织力,"四大战略"提升师生号召力;"4"即四有四新的工作成效,"四有"为办有灵魂的教育、建有特色的学校、创有匠心的文化、育有底气的人才,"四新"为政治建设达到新高度、思政工作焕发新活力、党建工作开创新局面、事业发展迈向新高地。

系，形成"一体设计、五育融合、十步联动"①的"三全育人"工作格局，为落实立德树人根本任务、加快推进国家"双高计划"建设提供坚强保障。

案　例

筑匠魂　精匠艺　育匠品——"五育融合"培育新时代卓越工匠

一、实施背景

2018年5月，教育部办公厅发布《关于开展"三全育人"综合改革试点工作的通知》，要求形成全员全过程全方位育人格局，着力培养德智体美全面发展的社会主义建设者和接班人，着力培养担当民族复兴大任的时代新人。2020年4月，教育部、中央组织部、中央宣传部、中央政法委、中央网信办、财政部、人力资源和社会保障部、共青团中央等联合印发《教育部等八部门关于加快构建高校思想政治工作体系的意见》，提出要健全立德树人体制机制，加快构建目标明确、内容完善、标准健全、运行科学、保障有力、成效显著的高校思想政治工作体系。

二、建设举措

学校坚持以习近平新时代中国特色社会主义思想为指导，深刻把握"三全育人"总体要求，全面落实立德树人根本任务，不断推进学校"三全育人"综合改革向纵深发展。结合自身实际，立足工匠精神，提升强国技能，全面统筹办学治校各领域、教育教学各环节、人才培养各方面的育人资源和育人力量，将德、智、体、美、劳五大教育元素互融互通，合力提升学生的爱国主义、职业道德、专业技能、创新能力、敬业精神、诚信品德和团队意识，逐步形成"筑匠魂、精匠艺、育匠品"的"三全育人"新模式。

(一)铸工匠之魂,思政引路构筑全员育人"引力场"

一是培根铸魂，润物耕心，发挥思政课程主渠道作用。开展思政课教师队伍和思政课程建设，打造系列特色"行走思政课"和"活动思政课"，让思政课程"活起来""动起来""火起来"。构建"一个核心""三条主渠道""N维辅助"的"1+3+N"青年

---

① 一体设计:将思政课程、课程思政、思政课理论教师、专业课教师、思政辅导员等一并纳入统筹设计;五育融合:价值引领、智育创新、体教结合、艺术熏陶、劳动实践;十步联动:党委引领、行政施行、团学跟进、宣传督导、教务总牵、院系落地、质量诊改,教师协同、教改推动、职评激励。

马克思主义者工程培训体系，切实用马克思理论的最新成果武装头脑、指导实践。

二是对标任务，建强团队，打造"八双"辅导员队伍。对标立德树人根本任务，积极构建"大思政"工作格局。不断加强辅导员队伍建设，培养具有"八双"身份的辅导员，提升我校思想政治教育工作的整体能力和水平。

三是创新载体，提升实效，实施思政教育智慧管理工程。围绕"立德树人""素质教育"的相关要求，结合高职院校实际，不断创新思想政治教育工作载体，提升教育工作实效，统筹实施"1368"大学生思想政治教育智能管理工程，形成"纵向多级联动，横向多维协同"的"三全育人"新格局。

(二)精工匠之艺,专业探路开创全方位育人"新局面"

一是分层分类，个性培养，创新培养模式涵育卓越工匠。以"价值引领、人格养成、知识积累、能力培养"为培养目标，五维融通、同向发力，构建起"匠师协同·双核支撑·孵扶联动"能工巧匠实践育人体系（图5-1），努力培养"十百千万"技术技能型人才（数十位技能大师、数百位能工巧匠、数以千计技术能手、数以万计技术人才）。

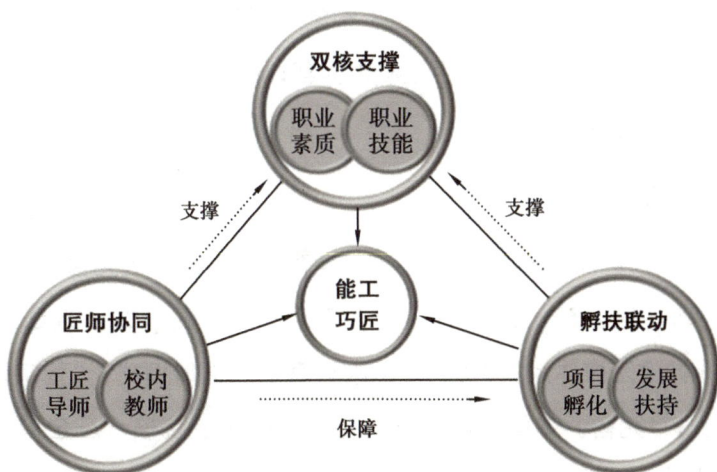

图5-1　"匠师协同·双核支撑·孵扶联动"能工巧匠实践育人体系

二是英才育人，多样成长，推进三大计划共促素质提升。围绕"技术技能教育的英才育人"理念，持续推进"卓越技术技能人才培养计划""工匠工坊支持计划""星光大道奖励计划"，探索在技术研发、技能竞赛、创新创业、学历提升、国际化视野等方面个性化分类培养的基于工程教育专业认证的培养模式实践。

三是锚定目标，依托平台，开出成长清单指明发展方向。依托国家/省部级技能大师工作室、省部级工程中心、省部级应用技术推广中心等高水平技术技能创新服务平台，科教协同，为学生开出个性化成长清单，以名师之力为"重电"学子提升技术技能水平。

（三）育工匠之品，融合之路奏响全过程育人"协奏曲"

一是艺术熏陶，陶冶气质，培养卓越工匠审美情操。高水平建设"重电"国学中心；高质量开设"中华优秀传统文化""魏晋风骨解读"等国学金课；高品质建设"合唱艺术""非遗与传统工艺"等公共艺术课程；高标准打造一批精品文化艺术社团；高要求建设"川江号子"国家非物质文化遗产传承基地；成立传统文化与美育教研室，打造科美融合的教学环境，培养学生认知美、感知美和欣赏美的能力。

二是体教结合，增强体魄，培养卓越工匠完全人格。通过公共体育、专项体育两个主渠道，让每位学生至少掌握一项终身受益的体育运动技能。增设3个免费学分的"分众快乐技能体育"，积极开展全员覆盖的有氧健康跑项目，创编3套课间操，增强学生"热爱运动，健康第一"体育意识。

三是劳动实践，磨砺意志，培养卓越工匠成熟心智。构建"重电""1+8+N"劳动教育课程及实践体系，建立"重电""百工学堂"，用"学堂"引导学生劳动实践，形成具有"重电"特色的"新时代以百工学堂为载体的生活劳动、生产劳动、爱心劳动'三位一体'劳动教育模式"。

三、成效经验与社会影响

通过五年建设，育人改革不断深化，"三全育人"体系日趋完善。整体层面，学校形成了"筑匠魂、精匠艺、育匠品"的"三全育人"新模式；条线层面，形成了"1244"高质量党建工作体系，"1368"思政教育智能管理模式，"五育融合、德技双修"育人机制日趋完善。本案例已入选教育部全国职业院校"三全育人"典型案例（全国24所职业院校典型案例之一）。

第二节　打造技术技能人才高地

学校坚持把立德树人作为教育的根本任务，把思政课作为落实立德树人的关键课，统筹推进思政课一体化建设。秉持"德育为先、智育创新、体美劳协同育人"理念，构建

"一心三层"①课程思政育人体系，实行"百工博雅"②美育系列计划，完善"四位一体"③体育系列课程，建设"1+8+N"④劳动教育实践体系，实施学生综合素质评价改革；重构课证融通的"成果导向、通专融合"专业群模块化课程体系，实施卓越人才培养计划，深化专业群个性化人才培养模式改革。获2022年国家级教学成果奖5项，其中一等奖1项；学校试点X证书（行业高端职业认证证书）的获取率达90%。新增国家规划教材42部（获批教材数位列全国并列第三），获首届全国优秀教材奖一等奖、二等奖，主持建设国家级专业教学资源库3个，全国职业院校技能大赛教学能力比赛连续三年每届获一等奖2项，排名全国前三，建成世界技能大赛省级及以上集训基地5个。2019—2023年学生国家级及以上竞赛获奖290项，学生文体竞赛国家级获奖114项，学生斩获世界技能大赛金牌1项，中国职业技能大赛金牌3枚，2022年中国国际"互联网+"大学生创新创业大赛金牌4项，刷新职业院校国赛金奖的纪录。在2019—2023年全国普通高校大学生竞赛榜单（高职）中，重庆电子科技职业大学（原重庆电子工程职业学院）位列榜首。近五年，学校毕业生专升本报名人数、录取人数、毕业去向落实率稳定在97%以上、本地就业率稳定在80%以上、高质量就业率稳定在45%以上，逐年稳步提升，专业对口率稳定在80%以上，均位居重庆市前列，成为推动地方经济社会发展和产业转型升级的重要力量。

案　例

聚力"三教改革"，提升内涵建设水平

一、实施背景

加强职业教育改革和内涵建设，推进教师、教材、教法的"三教"改革是当前职

---

① 夯实课程思政"基础层"、培育课程思政"示范层"、构筑起课程思政"保障层"，实现专业（群）思政、课程思政全覆盖，形成立德树人"同心圆"。

② "百工"泛指各行各业的总称，"博雅"指学识渊博、品行端正。"百工博雅"美育系列计划通过开展"非遗"文化系列讲座、打造"川江号子"合唱团等系列活动，发扬传统文化的工匠精神，同时引导学生修身养德、全面发展。

③ 指"健康知识+基本运动技能+专项运动技能+阳光体育"。

④ "1"指开设劳动教育课程，纳入人才培养方案，通过学分认证的形式保证劳动教育全覆盖；"8"指八个实体二级学院将劳动教育融入到课程教学、实训课堂、顶岗实习的全过程，打造富有专业特色的工匠工坊、专业工作室、劳模工作站等，培养学生良好的劳动习惯和劳动实践能力；"N"指打造一批富有"重电"特色的劳动实践活动品牌。

业院校提升办学质量和人才培养质量的重要切入点。重庆电子科技职业大学（原重庆电子工程职业学院）以提升学生综合职业能力和发展潜力为目标，牢牢抓住"谁来教、教什么、怎么教"三个关键问题，以教师赋能、课程改革、课堂创新为抓手，校企合作，扎实推进"三教"改革，建成一批名师团队、一批精品资源、一批金课堂，人才培养质量与社会声誉显著提升。

二、建设举措

（一）以教师赋能为动力，促进教师专业发展

搭建教师发展平台，从 2020 年开始每年立项 20 个模块教学、教学竞赛、教材改革等类别的卓越工匠之师教学团队（图 5-2），打造教育教学改革实践创新平台，实施"金课堂"计划，建设信息技术背景下课堂教学模式改革实践平台，评选优质公开示范课，组建"教师工作坊"（图 5-3），搭建教师学习交流平台；构建教师发展途径，制定《教师到企业或实训基地实践管理办法》（重电教〔2022〕69 号），规范教师实践管理，深化产教融合，出台《关于进一步深化园校融合服务产业发展的行动计划（2023—2025 年）》（重电发〔2022〕126 号），将教师企业实践流动站、"双师型"教师培养培训基地、教师企业实践基地等师资培养载体建到产业园区中，实施教师发展"五个一"工程（图 5-4），让教师技术技能水平与园区"接轨"，与企业"同频"；压实教学基本规范，以赛促教，将教学比赛的基本要求纳入督导指标体系，杜绝"比赛教学两张皮"，建立院校两级常态化教学竞赛机制，参赛队伍做到二级学院全覆盖、专业大类全覆盖、专业分组全覆盖，夯实基础，点面协同，提升教师教学能力，让优秀教师脱颖而出，年轻教师迅速成长。

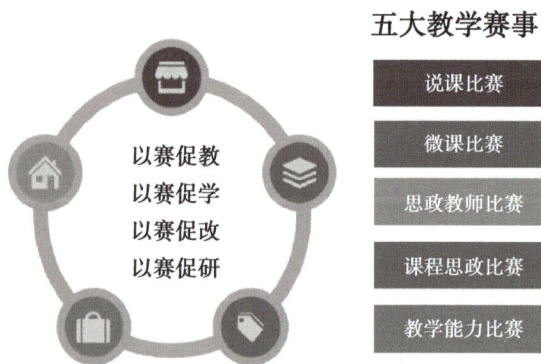

五大教学赛事

以赛促教
以赛促学
以赛促改
以赛促研

说课比赛
微课比赛
思政教师比赛
课程思政比赛
教学能力比赛

图 5-2　校级教学赛事

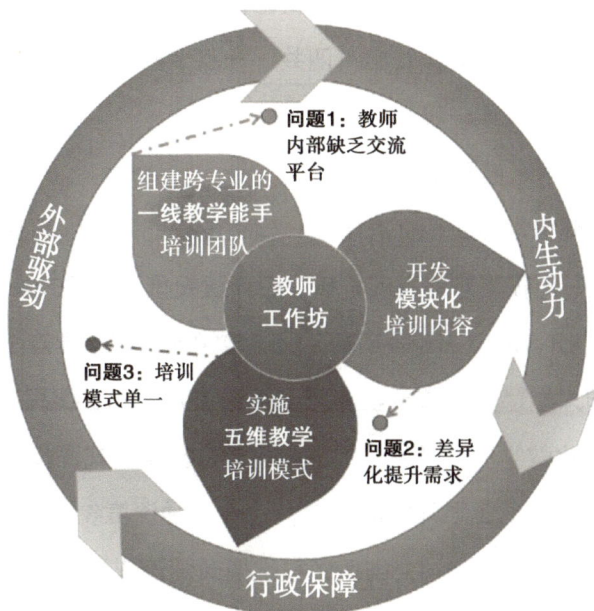

图 5-3　教师工作坊实施举措

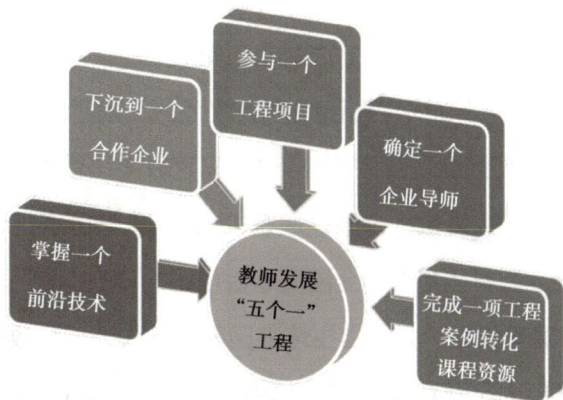

图 5-4　教师发展"五个一"工程

(二)以课程建设为统领,推进教材改革与创新

对接职业岗位需求、校企协同,构建"成果导向、通专融合、个性培养"的"平台+模块"专业群课程体系,满足学生可持续发展和个性化发展需求;健全教材选用机制,制定《教材管理办法(试行)》(重电发〔2022〕74号),成立教材建设与选用委员会,规范教材选用程序;升级教材,建立校企双元教材开发机制,建设高质量特色教材,依托"重电–华为ICT学院""曼恒数字产业学院"等产教融合平台,以项目化教学为载体,整合企业优质资源,及时将新技术、新工艺、新规范引入教材,开发工学结合的活页式、数字化、融媒体、立体化的新形态教材;强化思政融入,深度挖掘专业课程思政元素，有机融入劳动教育、工匠精神、职业道德等内容，寓价值观引导于知识传授和能力培养，创新实践出"四共·一驱·四融"高职教材开发模式，该成果获2021年重庆市教学成果一等奖。

（三）运用信息技术+，推动教法改革

学校是教育部网络学习空间优秀学校，建有泛在的网络学习环境，支撑传统课堂向数字化、智能化、泛在化方向发展；校企合作建设集成电路技术等10个虚拟仿真共享实训基地，利用VR、AR、MR等技术，促进教学模式和教学方法改革；学校在智慧职教、超星、中国大学慕课等共享型资源云平台上开设线上课程700余门，引进优质资源近90门，信息化教学广泛开展，线上线下混合教学模式逐步推广；创新实践双师在线课堂，实现教师和企业导师同屏授课，企业教师深度参与课堂教学、实训教学、线上答疑指导，拓展了教学空间，创新了教学模式，该成果获重庆市高校在线课程建设与应用示范案例，并在全国做线上培训交流。

三、成效经验与社会影响

学校"三教"改革成果突出，"校企协同·德技共生·学教互融"三教改革的创新与实践获国家级教学成果二等奖；建设国家级教师创新教学团队2个，建成国家级在线精品课程12门，数量位列全国高职院校第1，国家级课程思政示范课2门，主持建成国家级专业教学库3个，数量位列全国高职院校第3，入选国家规划教材49部，"十四五"职业教育国家规划教材数量位列全国高职院校第3，获首届全国优秀教材奖一、二等奖3项、全国教材建设先进个人，自主培养国家"万人计划"教学名师3人；全国职业院校技能大赛教学能力比赛获奖11项，其中一等奖6项，数量位列全国第2；在高职发展智库高职院校"三教"改革活力排行榜名列全国第3，学校教学能力比赛的经验成果在重庆日报刊发并提供两会委员交流。

第三节 打造技术技能创新服务平台

聚焦成渝地区重点产业布局，主动对标产业需求，搭建校企合作科研平台，形成了行业数据空间、服务机器人、集成电路、城市基础设施智慧运维等重点科研方向，探索出

"园区（企业）出题、学校立题、平台（团队）破题"的技术创新模式；建立学校—园区—企业多方共建共享的"矩阵式"科研组织形式，形成"技术研发—产品开发—应用示范—成果转化"的技术创新链条。面向西永微电子产业园、金凤电子信息产业园等园区、500余家区域企业开展技术研发、服务与推广；围绕产业链、创新链、价值链、人才链主动谋划"环重电"创新生态圈，建设"产城职创"融合试验区，着力提升学生科研素养与创新能力，科教协同育人机制逐渐完善。近五年，获批国家级、省部级纵向科研项目360项，其中国家自然科学基金3项、国家社会科学基金1项、全国教育科学规划项目2项；主持获得重庆市科技进步奖二等奖1项、三等奖3项，参与获奖6项；建成省部级科研平台团队（团队）9个；横向技术服务经费突破3000万元/年，获得国家发明专利授权360项，45项成果实现转移转化为企业带来经济效益近4亿元；培养出"重庆市青少年科技创新市长奖"获得者陈思源等一批技能拔尖创新人才，在第八届"互联网+"大学生创新创业大赛获金牌4枚。

案　例

科研平台跑出"重电"科研发展"加速度"
——以学校"大数据与最优化研究所"为例

一、实施背景

重庆在建设"33618"现代制造业集群体系，实施"416"科技创新战略中部署数字党建、数字政务、数字经济、数字社会、数字文化、数字法治"六大应用系统"，随后提出数字化引领开创现代化新重庆建设新局面，并与广东、福建、浙江、河北等地同为国家大数据综合试验区和数字经济创新发展试验区。学校以数据智能基础应用研究与成果转化为契机，2021年与杨新民院士领衔建设的"重庆国家数学应用中心"共建"大数据与最优化研究所"（简称：研究所）（图5-5），并创新设计"人员独立、绩效独立、运行独立"的科研平台运行机制，探索"高端人才引领—产业资源导入—运行机制创新"的重点科研平台建设模式。

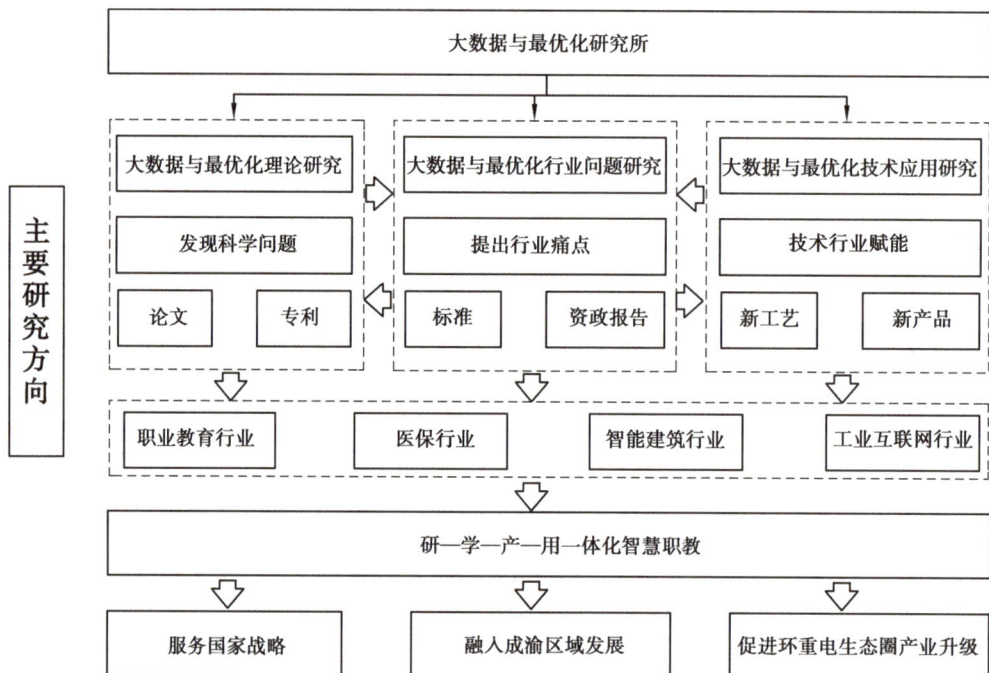

图5-5 大数据与最优化研究所研究路径

二、建设举措

学校结合全市智慧教育、医疗保障、智慧住建等相关产业数字化转型需求,鼓励并大力支持研究所以"科学问题"为引领,"工程技术"为支撑,与重庆国家应用数学中心的共同开展基础理论研究与技术成果转化。

一是引导研究所开展行业调研,共同分析共性需求。学校相关部门积极协助研究所围绕民生领域数字化转型进行深入调研。在"智慧教育"领域,前往市人社局、市市场监管局、潼南区政府、彭水县政府、职业学校等各类单位60余家,累计开展130余次交流,全面了解职业教育智慧化过程中软硬件的建设需求,深入探索职业教育智能化、数字化建设进程中的痛点难点,为进一步的技术开发指明方向;在"智慧医保"领域,依托市科技局及医保局委托项目,团队前往重庆市医保局、各区县医保局及主要医院开展实地考察近100余次,助力"智慧医保"再提速,"协同医保"惠民生;在"智慧住建"领域,团队深度参与了市住建委正在筹建的全国数字灾备中心、数字住建价值转化中心建设规划,调研了重庆智慧总部新城建设有限公司、重庆绿发实业集团有限公司等企业数字住建项目需求,初步建立以数据空间基础设施、物联网基座平台为技术突破口的智慧住建领域服务架构。

二是指导研究所加强同行交流,凝练研究方向。研究所前往北京大学、浙江大学、电子科大等科研机构调研与学习,在学校相关专家的辅助下基于共性需求凝练出"跨领域多源异构数据分析关键技术""多模态数据通感算控集成关键技术""跨平台数据协同治理基座应用技术"等三种关键技术。在"跨领域多源异构数据分析关键技术"领域,大力支持研究所与梅宏院士团队开展合作交流,就数据空间、数字对象架构等研究成果进行了介绍,分享了数联网重大工程应用实例、探讨了公共数据的智能治理和数据空间的组织搭建,并支持研究所围绕教育、医疗、建筑三个领域探索构建领域数联网技术体系,在同行学术交流中研究所进一步明晰数据治理中的关键问题。在"多模态数据通感算控集成关键技术"领域,研究所与欧洲科学院杨鲲院士、浙江大学肖俊教授等知名专家保持密切沟通,围绕信号数据智能成像技术、低分辨率图像增强技术等前沿技术开展深度合作与交流,通过对国内外技术发展趋势的分析研判,初步计划在国家重大项目研发(地区)项目合作申报,打造区域协作共赢典范。

三是搭建多方(校内外)协作机制,突破研发技术难题。在"跨领域多源异构数据分析关键技术"领域,攻克领域数据模型自主生成技术,实现三医领域数据模型的自动发现、自主生成;在"多模态数据通感算控集成关键技术"领域,攻克隐私计算的数联网节点接入设备,研发中国第一个具备隐私计算的数联网节点接入设备;在"跨平台数据协同治理基座应用技术"领域,正在与浙大网新、瑞研科技等校外机构积极开展技术攻关。

三、成效经验与社会影响

一是建立完善的管理机制。研究所不断提升内部治理水平,围绕"人、财"的管理,制定《大数据与最优化研究所全职研究人员管理办法》《大数据与最优化研究所兼职人员任务与劳务费发放办法》《大数据与最优化研究所科研助理管理办法》;围绕项目管理,制定《大数据与最优化研究所横向项目管理办法(试行)》《大数据与最优化研究所纵向项目管理办法(试行)》;围绕资产设备管理,制定《大数据与最优化研究所实验仪器设备管理办法(试行)》等。

二是取得重大技术突破。打造西部第一个数联网试点工程,发布国内第一个面向三医数据协同交换的技术标准,开发出国内首个具备隐私计算的数联网节点接入设备,服务"数字重庆"建设受到分管副市长高度评价,获得重庆市科技进步奖1项,获批建设"大数据智能与隐私计算重庆市重点实验室"。

三是助推行业数字化转型。三年来研究所科研到账经费近700万元,立项"面向智慧职教的跨模态知识表征与个性化学习理论及方法"重庆市重点基金项目(实现学校重点基金零突破），发布全国首个"三医"领域团体标准《面向云—网—边—端协作的医疗、医保、医药数据接入融合指南》，成为重庆市职业教育、数字医保、数字住建等行业领域数字化转型的重要科技支撑。

第四节　打造高水平专业群

学校坚持"以群建院"，紧密对接重庆市"芯屏器核网"全产业链和"云联数算用"要素集群，聚焦传统产业数字转型需求，14个专业群全部带"数"、带"智"升级；建立专业群动态调整机制，健全专业群绩效评价制度；实现"高峰高原高岗"专业群协同发展，重点打造物联网应用技术、信息安全与管理两个国家级高水平专业群和汽车智造、建筑智能化两个省级高水平专业群。在金平果"电子信息类高职院校分专业类排行榜"中两个国家级高水平专业群均连续两年位列全国前二，17个电子信息类专业位列全国前十；汽车制造与试验技术、建筑智能化工程技术两个省级高水平专业群中的2个专业排名全国前五。全校7个专业竞争力位列全国第1，20个专业竞争力位列全国前3，专业特色优势彰显。

物联网应用技术案例1

"三共三享"产教融合，培育ICT高素质人才

一、实施背景

作为数字化转型底座，ICT产业是国家战略新兴产业和数字中国支柱产业，掌握IP、IT、CT技术的复合型ICT人才成为支撑数字经济发展的重要因素。具有"跨界"属性的职业教育，是深入推进校企协同育人，培养行业亟须的高素质复合型人才的先驱和革新者。利用"双高"建设契机，重庆电子科技职业大学联合华为技术有限公司，以物联网专业群为核心，率先在国内成立"重电"—华为ICT学院，创新提出"三共三享"(共同投入、共同建设、共同管理，互享资源、互享人才、互享成果)的校企协同育人理念，重构专业群"平台+模块"课程体系，共建一流ICT产教融合实训基地，按照行业工程师标准培养人才，为行业输送12000余名ICT复合型人才，有效助力ICT人才生态建设。

二、建设举措

(一)创新"三共三享"理念,践行校企双元育人,衔接教育链和产业链

"重电"—华为ICT学院秉持合作共赢的思想,立足ICT行业技术迭代快、实训设备更新快的实际情况,创新提出"三共三享"校企协同育人理念(图5-6),突破职业教育办学以学校为主或以企业为主的单极思维,充分调动企业参与专业建设、资源开发、技术创新等人才培养全过程的积极性,平衡校企利益、实现优势互补,探索形成校企相互服务、彼此依存的可持续发展关系,支撑双高建设中技术技能人才培养高地、技术创新服务高地建设,促进高校教育链和企业产业链高质量衔接。

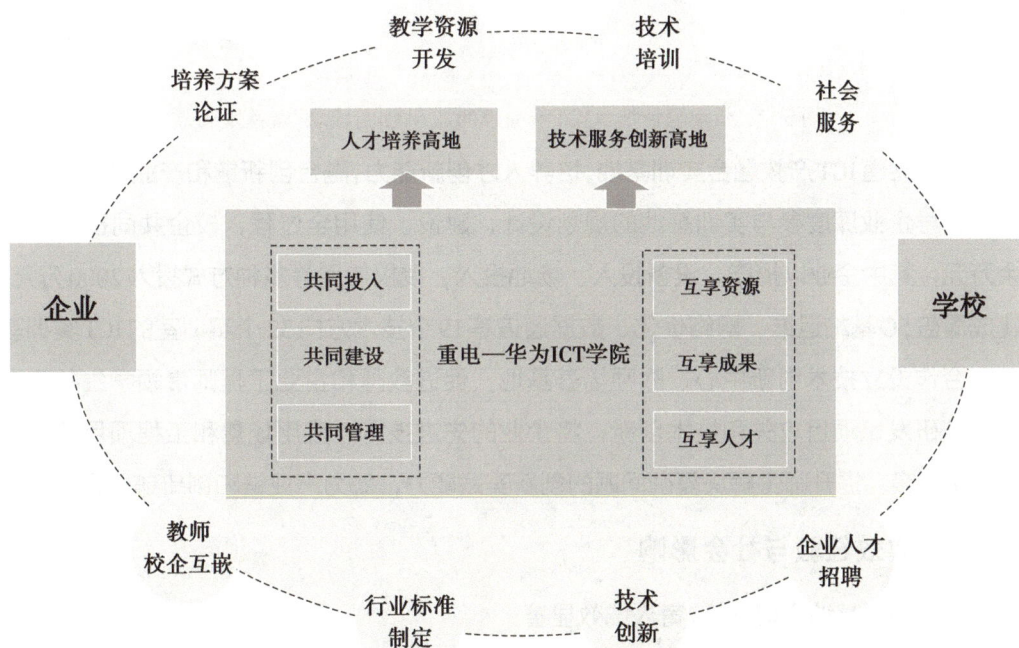

图5-6 "重电"—华为ICT学院的"三共三享"校企协同育人理念

(二)重构"2平台+3模块"课程体系,培养复合型ICT人才,协同人才链和产业链

按照"岗证课"一体化设计思路,组织企业工程师和校内专家调研、分析、归纳ICT各岗位能力需求和标准,分解出通用基础能力和专业岗位能力,设置公共基础平台+专业群基础平台、专业方向模块+专业拓展模块+公共拓展模块,构建"2平台+3模块"的随产业发展而动态调整的ICT专业群课程体系(图5-7)。专业拓展模块根据技术发展进行动态调整,在专业群内通开通选,实现群内课程的底层共享、中层融通、上层互选,打破传统IP、IT、CT专业壁垒,比如新增车联网、智能计算等专业方向模块,满足ICT赋能行业的发展需求,有效促进产业链和人才链协同。

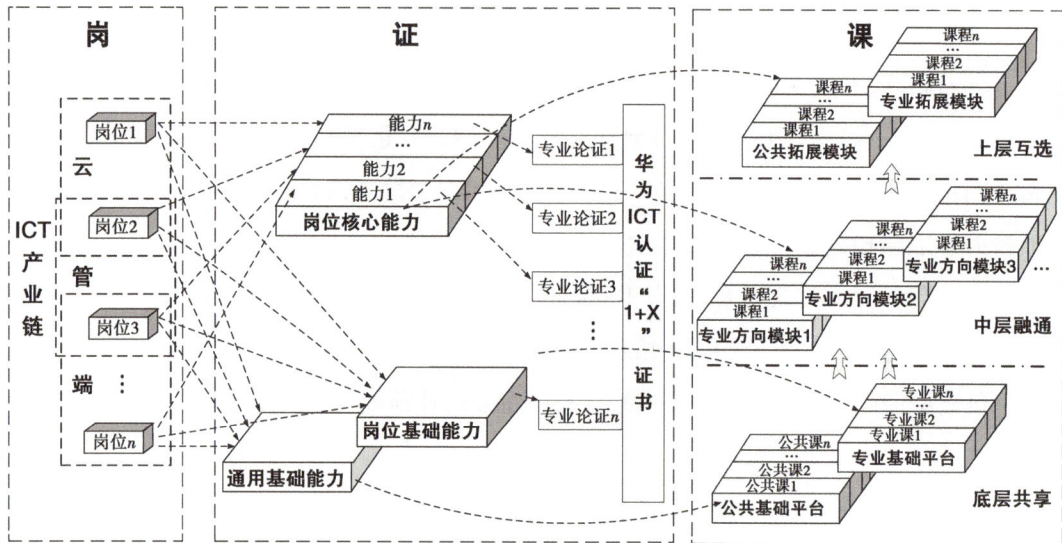

图 5-7 信息通信技术 ICT 专业群的"2 平台+3 模块"课程体系

（三）共建 ICT 产教融合实训基地，培养人才创新能力，融合创新链和产业链

引导企业深度参与实训基地的规划设计、建设、使用全过程，校企共同投入 6200 余万元，其中企业以捐赠、设备投入、场地投入、授权使用等多种方式投入 2000 万元，建成覆盖 5G 基站运维、网络优化、数据通信等 19 个技术方向 32 个实训室的 ICT 实训基地，合作设立技术创新中心、教师培养基地，促进教师和企业工程师带领学生共同参与科技研发、项目攻关和技术创新，将企业的先进技术、应用场景和工程项目转化成为教学内容，提升师生解决复杂问题的创新实践能力，助力产业链和创新链融合。

三、成效经验与社会影响

（一）实训基地全国一流，育人成效显著

学校建成国家高技能人才培训基地、重庆市产教融合实训基地，校企共育 ICT 复合型人才 12000 余人，占重庆地区 ICT 从业人数 11.2%，应届毕业生就业率连续三年超过 99%，培养华为 HCIE 专家级认证 84 人次、HCIP 等高端认证 2200 人次，学生获得华为 ICT 大赛等国际级奖 11 项、国家级奖 41 项，参加互联网+、挑战杯、软件杯等创新比赛获得国家级奖 8 项、省部级奖 21 项。同时涌现出大批杰出人才，有学生在中国科学院核物理九所成长为院士助手，以及获得"中国大学生自强之星"。

（二）职教师资水平卓越，综合实力突出

获评国家级黄大年式教师团队、教育部课程思政教学团队；国家级"双带头人"党支部工作室、党建样板支部各 1 个；万人名师 2 人，全国五一巾帼标兵 1 人、教育部课程思政教学名师8人。建成国家级专业3个，4个专业"金平果"排行全国前5%。参与制定国家职业教育教学类标准6个、"1+X"标准6个，建成国家级课程9门，名列全国前茅。

(三)校企合作全国领先,品牌效应凸显

学校连续8年获得优秀/卓越华为ICT学院，获得全国唯一的"华为产教融合示范校"称号，作为华为ICT学院参观交流的品牌和标杆，累计接待国内院校交流学习219次，受到学习强国、中国教育报等媒体报道转载317次，合作案例入选教育部产教融合校企合作典型案例，相关领导到校调研时多次高度认同建设经验与成效。未来，"重电"—华为ICT学院将继续深化"三共三享"校企协同育人理念，共建ICT产教融合实训基地，促使企业参与专业建设、课程体系、资源开发、技术创新等人才培养全过程，校企共育更多更高素质复合型ICT人才，助力教育链、人才链和产业链、创新链有效衔接。

物联网应用技术案例2

"双师协同双线驱动"可持续课程建设模式

一、实施背景

2019年《国家职业教育改革实施方案》的发布，提出深化"三教"改革，"三教"改革中，教师是根本，教材是基础，教法是途径，它们形成了一个闭环的整体，课程建设正是"三教"改革的集成点。然而，目前高职院校在课程建设过程中，普遍存在内容更新不及时、资源应用不充分、实施效果不理想等教学问题。

物联网应用技术专业群秉承"产教融合、德技并修、学生中心"的职教理念，主动适应新技术快速迭代，教育教学形态持续变革，基于工作过程系统化课程开发理论，创新出整体推进的"双师协同"一体化课程建设理念，实时跟进的"双线驱动"可持续发展课程建设机制，以生为本的"六个结合"混合教学模式，不断探索出课程建设一体化可持续发展的有效机制。

二、建设举措

(一)紧跟技术革新岗位需求变化,持续更新课程内容

职业教育离不开产教融合，专业群通过与华为、中移物联网等企业开展深度合作，依托校企合作平台，聘请企业工程师，与学校教师组建"校企双师"课程团队。依托校企合作平台，通过周期性行业调研，联合调研企业300余家，了解行业动态、岗位变化和人才需求；定期安排教师参加新技术培训，掌握最新前沿技术，获取华为等行

业企业工程师认证78人次；规范定期顶岗实践锻炼制度，熟悉岗位职责，提升技能水平；建立常态化技能大赛参赛指导机制，熟悉比赛内容，瞄准岗位需求风向标；参与X证书标准制定、参加认证讲师培训，考取职业技能等级证书，熟知认证大纲；定期开展标准研讨，准确把握行业技术和职业教育发展趋势。"校企双师"对接行业岗位变化分析职业能力，制定课程标准，分解知识技能点，归纳典型工作任务，选取教学载体，及时融入新技术、新标准和新规范，融入X证书标准和技能竞赛内容，形成岗课赛证融通的课程内容持续更新机制，解决课程内容与技术革新岗位需求不适应问题。

（二）以教学应用效果为导向，持续开发课程资源

信息技术发展促进教育形态的持续变革，然而近年来课程资源建设普遍存在着多而不精、建而不用、用而低效的现象。移动通信技术团队在课程资源开发中，始终坚持以质量为先，应用为导向。注重顶层设计，系统规划课程资源的类型和数量，同步设计教学实施方案，明确课程资源用于课前、课中、课后的具体环节，确保课程资源的有效应用。"校企双师"分工协同建设静态与动态、基本与拓展、助学与助教相结合的课程资源，开发视频资源2000余个，编写配套教材12部，确保课程资源的丰富性与实用性。成立由行业专家、课程骨干、学生代表组成的质量审核团队，层层把关课程资源质量，保证课程资源的科学性和适应性。定期收集学生使用课程资源的反馈意见，通过师生联合边建设边应用，边应用边更新，形成持续性常态化课程资源开发与更新机制，确保课程资源的鲜活性，破解课程资源建设与课程教学应用"两张皮"问题。"双线驱动"可持续发展课程建设机制如图5-8所示。

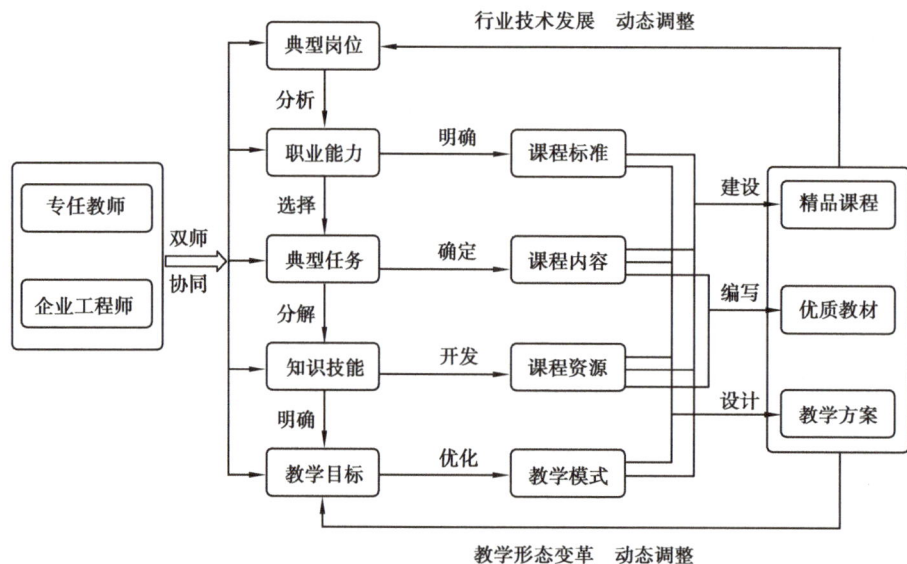

图5-8 "双线驱动"可持续发展课程建设机制

(三)以学生个性发展为目标,持续改进教学模式

职业教育是面向人人的终身教育,本专业坚持以"人人出彩"为最终目标,以学生为中心,以任务为驱动,借助集虚拟仿真、真实设备于一体的实训基地,构建探究式合作式翻转课堂,分工协作完成任务,培养实践动手与理论分析能力。充分利用数字资源,实施线上线下混合教学,培养自主学习能力。基于课程平台、App 等构建的学生精准学情画像,推送不同的基本任务与拓展任务,促进学生个性化成长。针对通信行业职业特点,以"吃得苦、敢担当"为主线,设计思政育人体系,践行立德树人根本任务。重构多元多维横纵结合的评价体系,在注重综合能力横向评比的同时,关注学生个人能力纵向成长。形成理论探究与实训演练、个人学习与团队协作、线上自学与线下讲授、个性学习与普适学习、技能提升与品德浸润、横向评价与纵向评价"六个结合"的混合教学模式(图5-9),解决课程教学实施与学生个性化培养偏离问题。

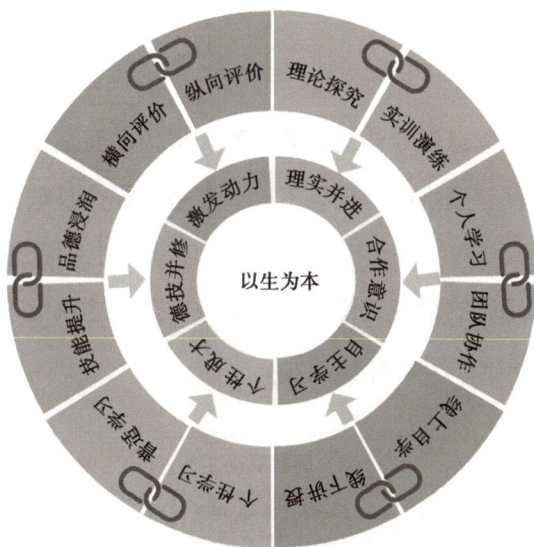

图5-9 "六个结合"混合教学模式

三、成效经验与社会影响

(一)持续推进课程建设,建设水平引领全国

该机制经过双高建设期间的实践与探索,课程建设取得了显著成效,建成国家精品在线开放课程9门,国家课程思政示范课2门,电子信息类国家级课程数量全国排名第1。在国家智慧职教平台上线53门课程,服务全国119所院校50余万师生。课程建设水平在全国领先。

(二)持续专研教学艺术,课堂教学效果优秀

在课程建设与实施过程中,创新教学模式,精心设计教学实施方案,打造高质量课堂,取得了良好的效果。团队获全国职业院校技能大赛教学能力比赛一等奖,并在2023年作为高职院校唯一代表在大赛闭幕式上作交流发言。

(三)持续推广建设经验,社会影响日益增强

该机制通过国家人才计划教学名师工作室、教学实践工作坊开展培训,校内直接受益教师500余人。开展中高职骨干教师等师资培训项目62次,全国直接受益教师3000余人。在国内学术研讨会上作主题发言39次,成果推广到240多所职业院校。

信息安全与管理专业群案例1

基于"匠师协同·双能支撑·孵扶联动"的数字型能工巧匠
人才培养模式创新与实践

一、实施背景

当前高职院校电子信息类专业培养数字型能工巧匠面临以下三个难题:一是团队教学缺技能大师,团队"高水平"指导不够。二是课程体系缺创新元素,课程"创新力"体现不够。三是实践教学缺乏校内外联动,创新人才"后劲不足"。人才培养的实施路径难以支撑能工巧匠的培养定位,造成了数字型人才供给不足和人才质量不优等窘境。人才培养模式系统图如图5-10所示。

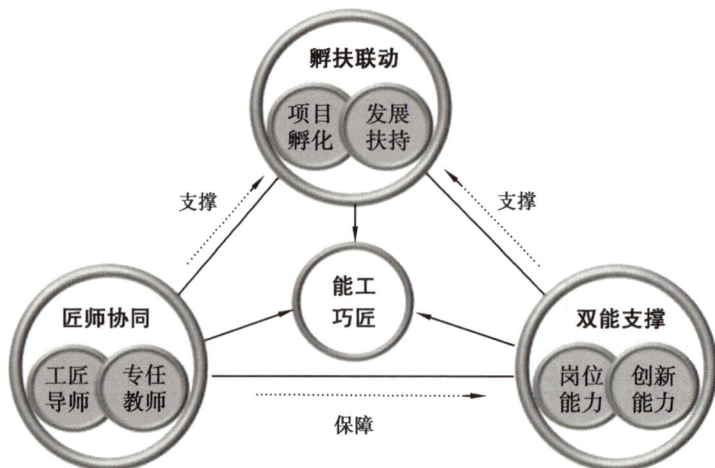

图5-10　人才培养模式系统图

对此重庆电子科技职业大学靶向施策,基于协同学理论创新性提出职业教育协同培养生态理论,并以此为指导对培养能工巧匠的教学团队、课程体系和支撑平台进行系统设计,并通过打造工匠导师与专业教师"匠师协同"教学团队,构建岗位能力与创新能力"双能支撑"课程体系,创新校内项目孵化与校外发展扶持"孵扶联动"培养平台,创建了"匠师协同、双能支撑、孵扶联动"能工巧匠培养模式。"匠师协同"教学团队为"双能支撑"课程体系提供实施保障,也为"孵扶联动"平台提供运营保障,"孵扶联动"平台为"双能支撑"课程体系提供实施环境,三者有效促进了能工巧匠培养目标的达成,大批高素质高技能人才走上产业岗位,积极参与各类社会抢险救灾一线,成为新时代标兵,有力彰显了信息安全与管理专业群人才培养成效。

二、建设举措

(一)打造学校专业教师与企业工匠导师"匠师协同"教学团队

学校实施"翔越人才培育支持计划",通过持续顶岗实践和技术培训,提升专业教师工程实践能力,分类培养"能手、大师、领军"等名师180人,开展"产业工匠导师特聘计划",累计聘请企业大师工匠2771人,担任教学、技术指导和技术创新,打造匠师协同教学团队。

根据师生共同获取的"华为ICT专家"等行业高端认证、技能大赛获奖、发明专利授权、技术技能创新等项目成果,对导师团队进行绩效考核,激励导师团队"内生动力",为企业提供"优质能工巧匠",助力区域中小型企业技术创新与发展。匠师协同打造"程序设计"等金课堂218个、"数据安全"等工匠工坊268个、"机器人应用技术"等协同创新中心35个,建成国家级教学团队5个,有效解决了能工巧匠培养团队"高水平"指导不够问题。"匠师协同"教学团队如图5-11所示。

(二)构建岗位能力与创新能力"双能支撑"课程体系

学校成立校企课程开发组,从行业调研开始,重点厘清"岗位知识与技能"与"能工巧匠素质要求"的内涵元素;经过职业能力分析、能力元素归并等阶段,将创新素养和职业素养融入专业"平台+模块"课程,并在综合实践环节进一步强化提升,最终形成"岗位能力"与"创新能力""双能支撑"课程体系(图5-12)。

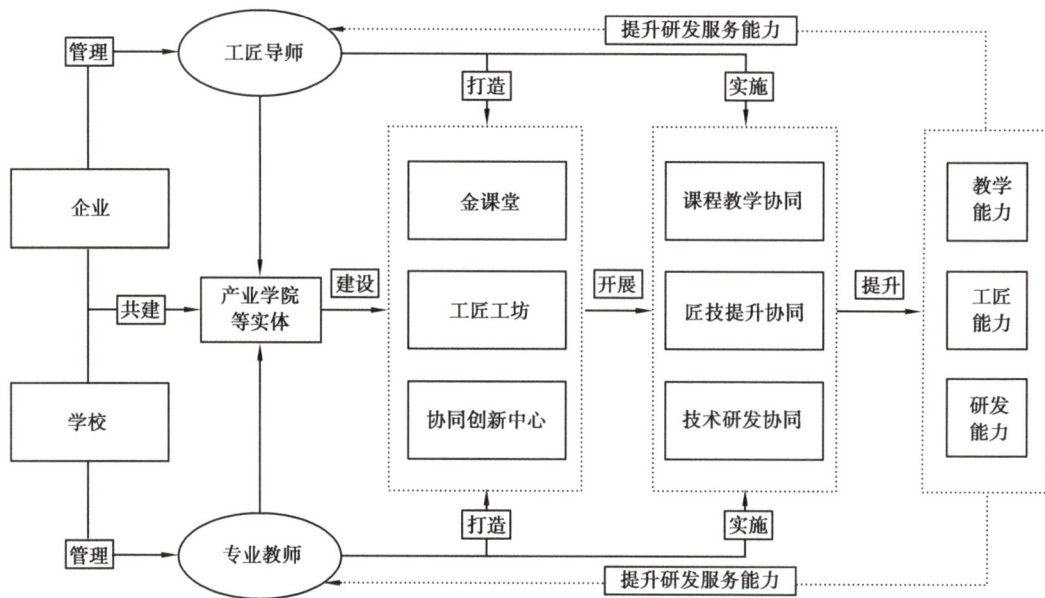

图5-11 "匠师协同"教学团队

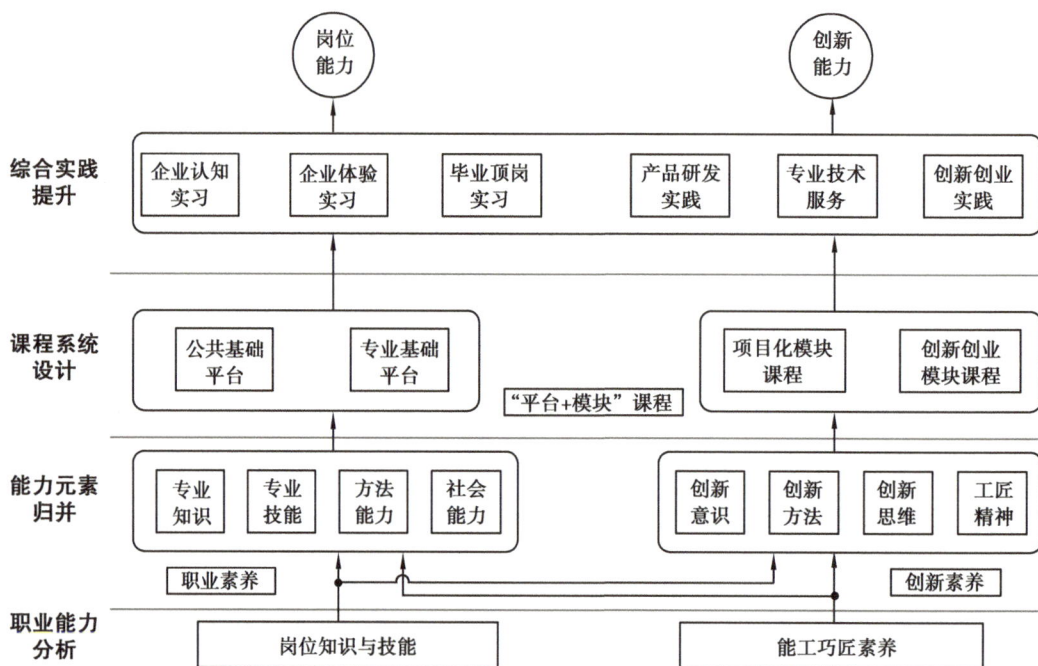

图5-12 "双能支撑"课程体系

对平台课程实施标准化"达标测评"，对课程模块实施"过程性"评价。以"双能支撑"为导向，开发"程序设计基础"等平台课程56门，开发"数据备份与恢复"等模块课程525门，开发《计算机网络基础》等新形态活页式教材165部，以"岗位能力"与"创新能力"为支撑,系统构建"双能支撑"课程体系,解决了能工巧匠培养课程体系"创新力"体现不够的问题。

(三)创新校内项目孵化与校外发展扶持"孵扶联动"培养平台

重庆电子科技职业大学基于服务学习理论打造"校内项目孵化"与"校外发展扶持"联动平台,开辟了孵化项目与发展扶持"孵扶联动"培养新路径。

依托"重电e家国家级众创空间""机器人国家协同创新中心"等,打造校内项目孵化平台,着力提升学生软件开发、安全测评等技术能力。依托校外两江协同创新基地等56个孵化基地,与北京联合大学合作,共建"智能安全"等12个创新平台,打造校外发展扶持平台,提升毕业生持续创新能力。通过校内项目孵化平台与校外发展扶持平台资源互补"孵扶联动",累计孵化项目636个,技术服务产值年均3000多万元,支持具杰、田钭等6000多名杰出技能人才从"学徒生手→操作熟手→技术能手→能工巧匠"的转化,延伸了培养链条,解决能工巧匠持续创新"后劲不足"问题。

三、成效经验与社会影响

(一)卓越工匠培养成效突出

近5年,学生就业率保持在98.6%以上,2020年就业率居全市第一。学生在高端产业与产业高端就业比例达82%,获得"华为ICT专家"等高端认证的学生比例持续增加。学生获教育部全国职业院校高职技能大赛一等奖29项,获得第46届世界技能大赛金牌1枚,全国第一届、第二届职业技能大赛团队金银牌各3项,学生获全国技术能手7人。

(二)专业建设水平突出

学校2个电子信息类专业群入选国家双高建设专业群,在2021年高职专业全国竞争力排名中,共有16个专业排名进入全国前5,建成电子信息类国家重点专业16个,编制行业技术标准26项。主持建成国家级专业教学资源库3项,建成国家精品课程11门,国家级课程思政示范课2门。获首届全国优秀教材一等奖1项,"十三五""十四五"职业教育国家规划教材35部,在全国600多所高职院校相关专业中使用,该教学模式获国家级教学成果一等奖。

信息安全与管理专业群案例2

"校企协同·德技共生·学教互融"职业教育特色教材开发模式构建

一、实施背景

职业教育专业课程教材，是融合企业用人元素与学校育人元素的直接载体，因此校企双元开发教材是职教教材的普遍共识和基本要求。《国家职业教育改革实施方案》明确指出："建设一大批校企'双元'合作开发的国家规划教材，倡导使用新型活页式、工作手册式教材并配套开发信息化资源""专业教材随信息技术发展和产业升级情况及时动态更新"。然而长期以来，由于校企合作教材开发机制不健全，难以真正实现共同开发，导致不少高职教材仍未紧跟产业发展，教材内容常常无法做到"与时俱进"，与产业发展脱节。部分高职专业教材只重视专业知识和技能，忽略了育人功能的完善，思政育人体现不足，严重影响"立德树人"目标达成。

二、建设举措

我校信息安全与管理专业群自建设以来，在总结前期教材建设经验的基础上，进一步探索和改进校企双元合作开发机制、改革教材内容组织形式、创新价值引导和思政育人融入方式，成功总结出可复制、易推广，独具特色的"校企协同·德技共生·学教互融"职业教育教材开发模式。该模式有力推动了专业群"教材"改革的实施，有力保障了"立德树人"育人目标的达成。

（一）构建"校企协同·德技共生·学教互融"职教特色教材开发模式，指导教材改革

"校企协同·德技共生·学教互融"职教特色教材开发模式内涵如图5-13所示。立足教材选题，依托校企联盟等合作平台，挑选相关产业领域技术实力强、责任意识高的企业，基于校企利益共同点，校企协同组建教材开发组，通过达成"责任共担、项目共选、内容共撰、成果共享"共识，形成校企协同教材开发机制；在"校企协同"机制保障下，针对教材主题，教材开发组确定相关德育元素和技术元素，使二者相互依附，形成教材内容"德技共生"有机组织形态；教材内容在选取和组织时，从学生学习者视角和教师育人者视角出发，遵循学习认知规律和教学理念思维处理教材内容，体现教材"有教法"和"有学法"脉络，彰显教材"学教互融"特色。

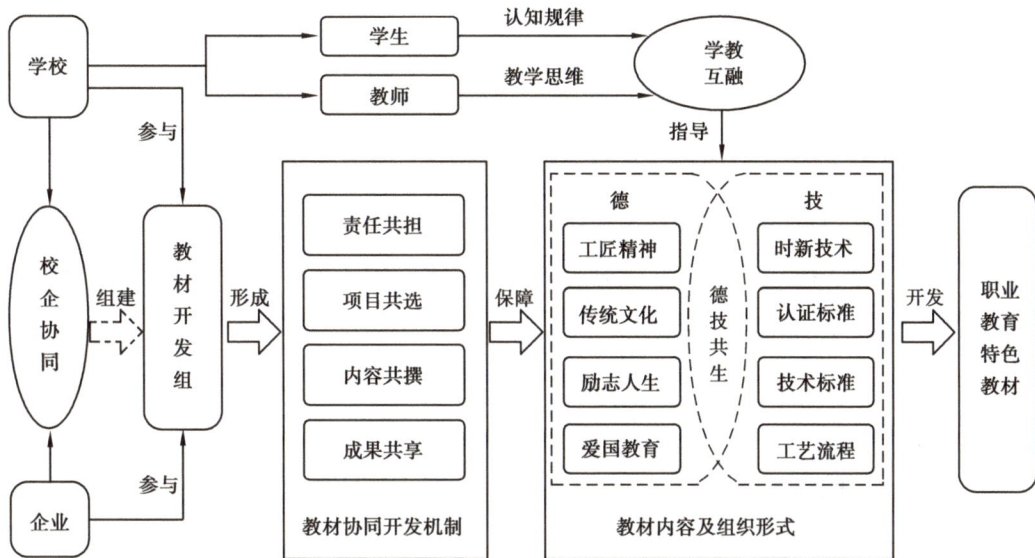

图 5-13 "校企协同·德技共生·学教互融"职业教育特色教材开发模式

(二)创建"责任共担、项目共选、内容共撰、成果共享"校企协作教材开发机制,推进教材开发与更新

基于利益相关者理论,以学校与企业双方的利益需求为导向,挑选技术实力强、信誉好的企业,双方签订教材开发合作协议,并签订政治责任书,明确各自责任,挑选德技双馨的企业工程师和学校骨干教师组成教材开发组,达成"责任共同承担、项目共同选择、内容共同编撰、成果共同分享"四个协作共识,开展教材开发,如图5-14所示。

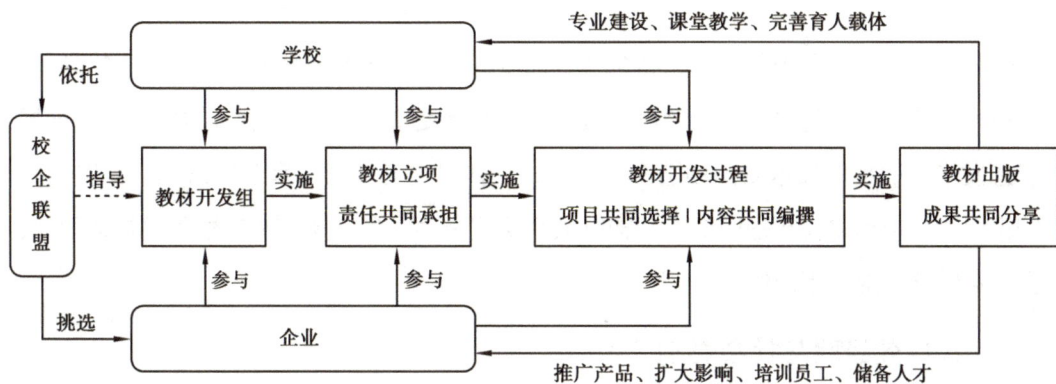

图 5-14 "校企协同"教材开发机制

该机制的实施,找到了校企合作开发教材的契合点,解决了教材内容落后于产业发展的问题,实现专业教材与产业发展的"与时俱进"。

(三)打造"德技共生"教材内容生态,落实立德树人

基于教材主体特点,梳理技能线"知识与技能"目标与德育线"情感态度与职业素养"目标。归纳教材所需"时新技术、认证标准、技术标准、工艺流程"等技育元素,提炼"工匠精神、传统文化、励志人生、爱国教育"等德育元素,奠定德技共生的"物质"基础,如图5-15所示。

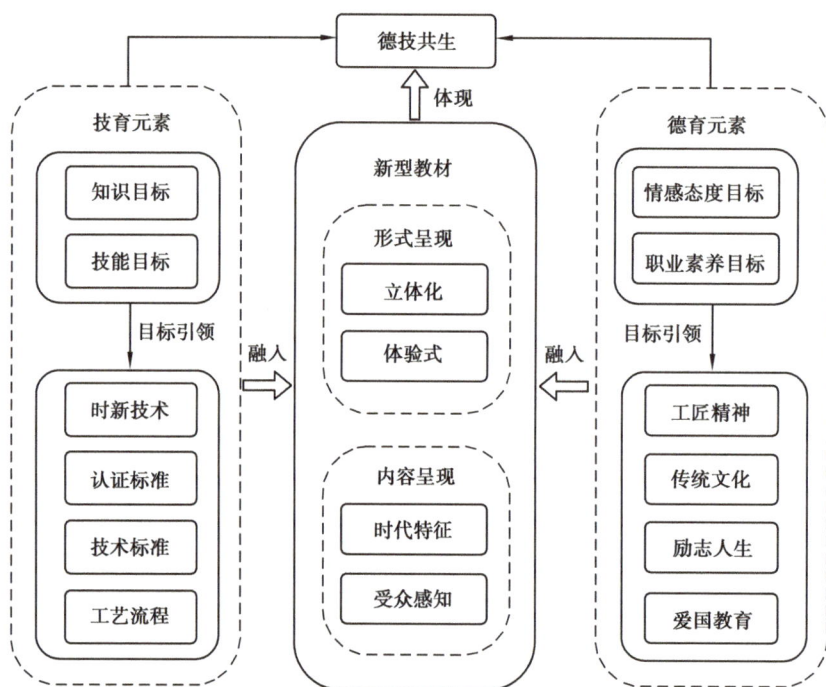

图5-15 "德技共生"教材内容生态

在教材"内容呈现"方面,结合"时代特征"性,更新技育元素与时俱进的内涵,在技术内容撰写的同时,辅以德育元素浸润;考虑受众"感知因素",教材内容选取易于激发学生兴趣的技术案例和励志德育素材。教材内容"形式呈现"方面,开发教材知识点和技能点微视频扫码资源,辅以数字课程资源平台支撑,使教材呈现纸数融合、立体化特点,提升用户体验。

三、成效经验与社会影响

(一)教材建设成效显著,学校和专业群影响持续扩大

教材开发模式改革成果在《中国教育报》等媒体刊载,学校获批国家"十四五"

规划教材27种，《C语言程序设计（第2版）》荣获首届全国优秀教材一等奖，武春岭教授获评全国教材建设先进个人，教材改革成果获评重庆市教学成果一等奖。

（二）人才培养成效突出，技能大赛佳绩频传

教材促进人才培养，双高建设以来学校师生参加职业技能大赛，获得多项荣誉：

教师教学能力大赛一等奖6项，学生世界技能大赛金牌1项、中国职业技能大赛金牌3枚、全国职业院校技能大赛一等奖11项；

全国技术能手19人，全国五一劳动奖章1项。

校企合作教材正应用于企业员工培训，累计培训员工5000余人次，大量节约了企业员工培训的人力资源成本。

（三）教材开发模式推广度高，教材在国内外广受欢迎

该模式理论成果丰富，在《中国职业技术教育》和《职业技术教育》等期刊上发表相关论文8篇，被中国教育报、新华网等媒体宣传报道，专业群高质量教材被全国892所院校及企业采用。

新加坡、老挝等8个国家和地区积极与成果完成人合作，极力引进教材和谋求共同开发国际化信息安全专业教材，目前部分教材已在留学生中应用3年，得到国际社会广泛赞誉。

第五节　打造高水平双师队伍

以产教融合、科教融汇领航"榜样、翔越、桥梁、青苗、破壁"五大建设，形成了集树、选、用、育、评于一体的"双驱五联动"引育模式，双师队伍实现全面变革。持续深化"334"[①]教师分类发展，专任教师激增至1228名，专兼职教师及辅导员、管理人员结构持续优化。实施翔越计划，引进院士等高端人才3人，自主培育"万人计划"教学名师等国家级拔尖人才27人，省部级拔尖人才35名；立项建设全国黄大年教师团队等国家级教师团队5个，省部级教师团队7个。实施桥梁工程，健全"固定岗+流动岗"用人模式，聘请现代产业导师、行业企业领军人才等兼职教师4678名。建设校级企业实践流动站13个，入选省部级企业实践流动站1个。完善双师认定标准等制度36项，专业课教师双师占比91%；

---

① 管理人员、辅导员、教师岗位分类管理，教学为主型、教学科研型、科研应用为主型教师分类发展，"基础+岗位+调控与考核+奖励"四级绩效动态调整机制。

高标准推动教师发展中心建设，入选国家级"双师型"教师培养培训基地2个，名师工作室等省部级教师发展平台11个。实施青苗行动，博士引培持续向好，博士达到137名；持续推动教师素质提升，教师年均参加培养培训逾2000人次。坚持榜样引领，教师累计获得省部级及以上荣誉40人次，学校入选重庆市教师评价改革试点学校，双师建设经验入选首批全国职业院校"双师型"教师队伍建设典型案例。

案　例

"一核四化"推进师德师风建设系统工程

一、实施背景

师德师风建设是凝心铸魂、立德树人的基础性、系统性工程。一方面，国家对师德师风高度关注，坚持把师德师风作为评价教师队伍素质的第一标准，出台《关于全面深化新时代教师队伍建设改革的意见》《关于加强和改进新时代师德师风建设的意见》等文件；另一方面，从全国来看教师队伍仍有师德失范行为和违法违纪案件发生。为了引导教师坚持为党育人、为国育才初心使命，践行立德树人根本任务，学校将师德师风建设摆在突出位置，以"凝心铸魂、立德树人"为核心，实施一系列探索改革。坚持以"凝心铸魂、立德树人"为核心，推进师德师风机制长效化、建设内涵化、成果实体化、评价交互化，师德师风建设取得积极进展，形成师德师风建设的"重电"探索。"一核四化"路径示意图如图5-16所示。

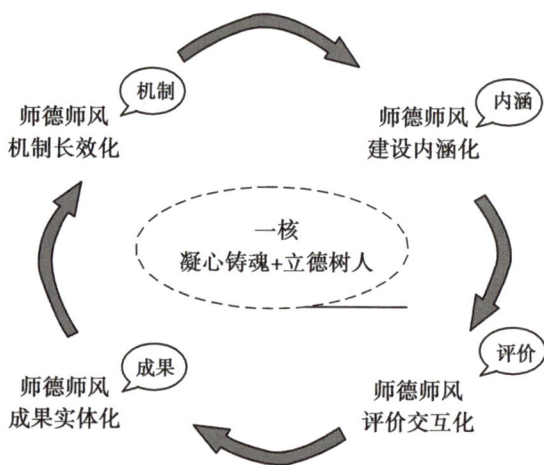

图5-16　"一核四化"路径示意图

二、建设举措

(一)持之以恒推动师德师风机制长效化

双高建设以来,学校师德师风机制建设迈入快车道,成立师德师风工作领导小组和党委教师工作委员会;出台《师德师风规范》《师德师风负面清单和失范行为处理办法(试行)》《师德师风考核实施办法》《完善教师思想政治和师德师风建设工作实施细则》等多项制度,建立涵盖组织保障、工作机制、教师失范行为处理、争先创优、结果运用等内容完备、规范高效的师德师风工作机制,构建党委统一领导,党委教师工作部牵头、各二级单位齐抓共管的师德师风大工作格局,为师德师风建设注入强劲动能。

(二)与时俱进推动师德师风建设内涵化

一是将师德师风评价作为教师招聘引进、年度考核、聘期考核、职称评聘、项目申报、评优评先等第一标准,严格执行师德师风失范"一票否决"。二是将教师获得感提升作为师德师风建设的主要内容。常态化开展师德师风专题教育宣传,每年举办师德师风专题培训班1期,邀请校外名家名师开展师德师风专题讲座2场以上;依托教师节、职教周等重大节庆开展教师先进事迹宣传;实施校长360°办公,现场听取和解决教师诉求;持续开展新教师"书记党课""校长签名赠书""拜师结对"等特色活动暖人心。三是以教师党支部和党员教师作用发挥引领师德师风建设,积极申创标杆院系和样板支部建设。入选全国党建工作标杆院系1个、国家级高校"双带头人"教师党支部书记工作室1个、全国党建工作样板支部2个。

(三)双高计划推动师德师风成果实体化

学校将师德师风建设纳入"双高"建设任务,大力推进师德师风成果实体化。一方面,全面推进创先争优。对接上级评先评优项目,开展校级师德师风先进个人、最美教师、教书育人楷模等评选,选树推荐先进典型实例,发挥身边榜样的价值引领作用,形成校-市-国家三级黄大年式教师团队全覆盖,形成"个体优秀"引领"群体创优"的新局面。另一方面,推动师德师风建设与人才工作有机衔接。依托市级、国家级大师工作室、市名师工作室等高水平教师发展平台,建立了校-市-国家三级人才"雁阵"梯队,形成以领军人才为引领、中坚骨干为支撑、青年人才为补充的梯次。目前,学校在教学名师、教师教学创新团队、教学能力大赛团队等实现了三级全覆盖;建立人才和团队培育制度,形成"遴选—支持—任务—考核—使用"闭环体系。2022年，学校物联网应用技术专业群教师团队成功入选全国高校黄大年式教师团队。

（四）改革创新推动师德师风评价交互化

师德师风评价离不开学校和教师之间的深度交互。一方面，学校建立公平规范高效的评价流程，构建了教师个人自评—党支部考核—党委教师工作委员会鉴定的三级师德师风考核体系；注重师德师风结果运用，推进评先评优与警示教育双轨运行，把违反师德师风案件纳入法治化轨道，注重教师权利救济，推进教师处分档案标准化建设，教师信访一次办结率100%。另一方面，学校以培育精于传道授业解惑的经师和人师的统一者为目的，持续探索量化"有理想信念、有道德情操、有扎实学识、有仁爱之心"的"四有"好老师好标准，启动了"试行评赞+推动教师师德师风激励机制改革"。2023年6月，该项改革成功入选第三批重庆市深化新时代教育评价改革试点学校。

三、成效经验与社会影响

经过长期努力，学校师德师风建设取得长足进展。新增国家职业教育"双师型"教师培训基地2个、国家级技能大师工作室2个、市级技能大师工作室3个、市级名师工作室6个；培育国家级教学名师3名、全国技术能手19名、国务院政府特殊津贴专家6人、重庆英才10名、巴渝学者7名、巴渝特级技师7名以及省部级技能人才10名；入选全国高校黄大年式教师团队1个、国家职业教育教师教学创新团队2个、国家级课程思政教学团队2个、重庆市高校黄大年式教师团队4个、重庆职业院校教师教学创新团队2个。教师先后荣获全国五一劳动奖章、全国五一巾帼标兵、全国青年岗位能手、重庆市先进工作者、重庆市教书育人楷模等省部级及以上荣誉称号40余人次。此外，"一核四化"师德师风建设经验还被《中国教工》（2023年第9期）杂志刊载。

第六节 提升校企合作水平

按照"政府搭桥、园区聚能、校企共建、实体运行"的整体思路，校地协同，实践"以职兴城、以职强产、以职助创"的融合发展新模式，率先启动进一步深化园校融合服务产业发展行动计划，制定《博士进园区实施方案》《产业学院建设与管理办法》等制度，持续推进"政企园所校"合作，深度服务西部（重庆）科学城、空港工业园、永川区凤凰湖产业园等12个园区。学校牵头组建西部职教基地产教联合体，成功入围首批国家级市域产教联合体（全国28个，重庆唯一），发起成立全国移动通信等产教融合共同体3个。重庆电子信息职教集团入选国家级示范性职业教育集团（联盟）培育单位，新一代电子信息产教融合基地入选国家发展和改革委员会"十四五"教育强国推进工程，学校入选工业和信息化部第一批产教融合专业合作建设试点单位，重庆市新一代电子信息制造业产教联合体，通信技术（ICT）产教融合实训基地、智能制造产业学院、网络空间安全产业学院获重庆市立项建设，中国通信工业协会信息安全与云计算校企联盟被认定为重庆市示范职教联盟。2019—2023年企业共向学校提供工业互联网设备等捐赠9000余万元。构建"过程共管、成本共摊、责任共担、成果共享"的产教融合长效机制，促进教育链、产业链、人才链、技术链与创新链的有机融合。

典型案例

"产城职创"构建西部职教基地产教联合体

一、实施背景

为深入贯彻党的二十大精神，落实中共中央办公厅、国务院办公厅印发《关于深化现代职业教育体系建设改革的意见》，教育部下发《关于加快推进现代职业教育体系建设改革重点任务的通知》。2023年5月，依托永川高新区，重庆电子科技职业大学为牵头学校，长城汽车股份有限公司重庆分公司为牵头企业，共同组建西部职教基地产教联合体，并于2023年9月入围教育部首批市域产教联合体。西部职教基地产教联合体现有高职院校29所，中职学校21所，其中国家"双高计划"院校2所，市级"双高计划"院校15所，职教资源丰富。永川高新技术产业开发区拥有电子信息、智能装备等五大支柱产业，创新培育新能源新材料、生物制药及大健康两大新兴产业，形成了完善的"5+2"现代产业体系。

二、建设举措

(一)打造"以职兴城、以职强产、以职助创"融合发展新生态

以职兴城，打造"产城职创"新生态，西部职教基地产教联合体将职业教育同"生产、生活、生态"同步规划，使职业教育与城市发展携手共进，统筹推进城区、景区、校区建设，促进校园景观、校园文化、企业文化与城市景观融为一体（图5-17）；以职强产，助力渝西地区产业一体化高质量发展；持续实施产教资源匹配行动计划、百家高新技术企业创服工程，提升专业办学对产业发展的支撑度，对接重庆市重点产业的学生占比达85%以上；以职助创，推动创新平台建设和科技成果转化，围绕电子信息、智能制造等产业转型升级中的需求，引培科技创新领军人才，建成重庆人和数据研究院等9个国家级和100多个市级科研及服务平台，探索形成"园区（企业）出题、学校立题、平台（团队）破题"的协同创新模式。

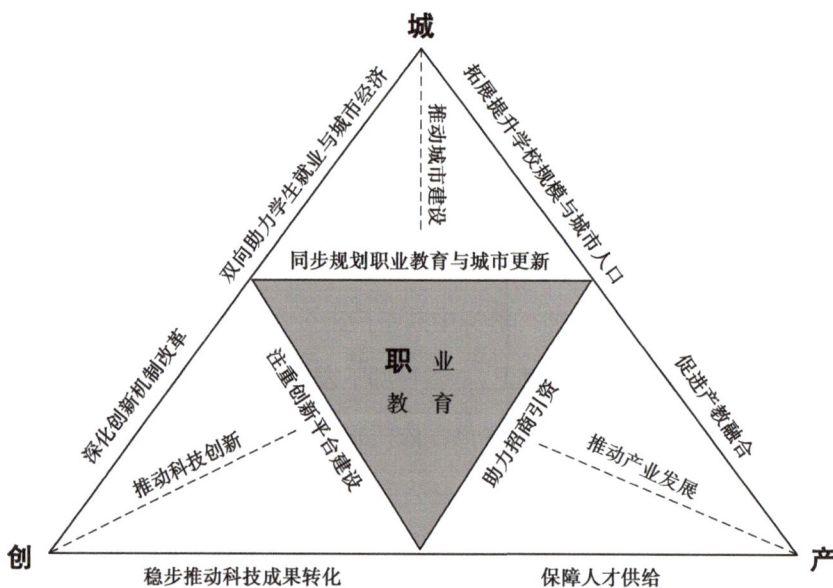

图5-17 "产城职创"融合发展模式

(二)创新"理事会—秘书处—区域工作委员会"管理运行机制(图5-18)

成立以永川区委为理事长单位，永川高新区管委会、重庆电子科技职业大学、长城汽车股份有限公司重庆分公司为副理事长单位，秘书处设在永川高新区管委会（西部职教基地建管委）。成立产业发展与专业建设、师资共建与职普融通等7个工作委员会。建设产教联合体实体化运营平台，通过西部职教基地运营管理有限公司开展有关工作。

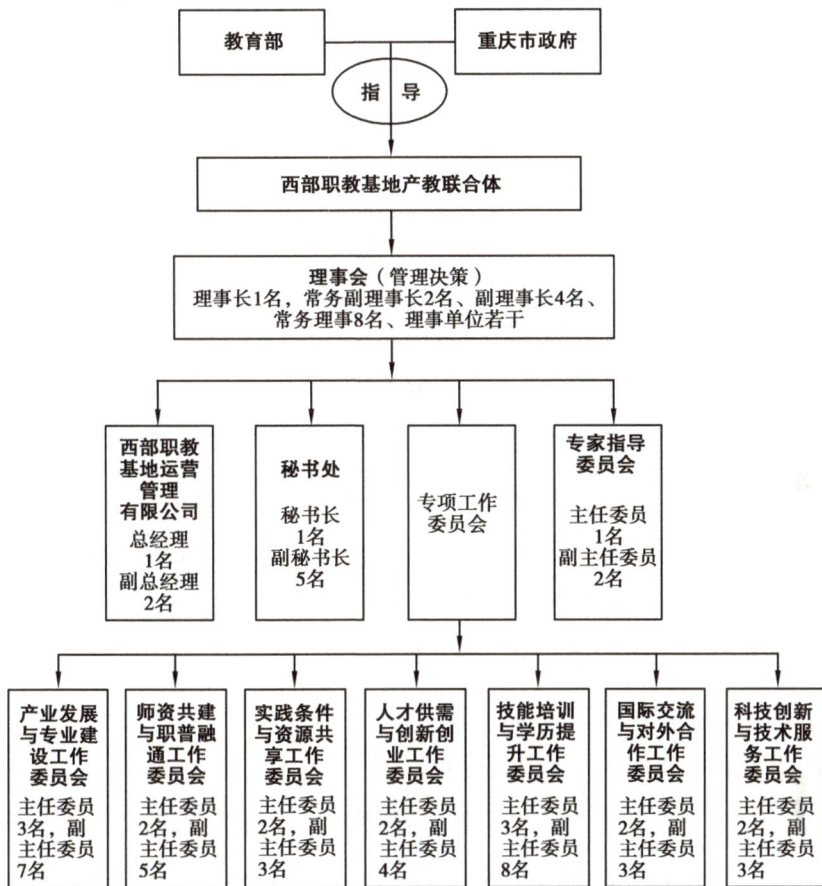

图5-18 "理事会—秘书处—区域工作委员会"管理运行机制

（三）辐射引领，打造"强强集聚、园校共生、开放共享"特色职教品牌

西部职教基地产教联合体以重庆电子科技职业大学为牵头学校，聚集40所职业院校、其中国家"双高计划"院校2所，市级"双高计划"院校15所，职教规模保持领先；联合体内院校与企业开展校企合作项目1292个，开展订单式、中国特色学徒制等各类人才培养定向班475个；建立《共享优质师资管理办法》，优化双聘双用的教师流动机制，每年提供校际兼职教师5000余人次；定期举办西部职业教育高峰会、职业教育国际论坛、中德职业教育校长论坛等，并将技能型社会建设论坛永久落户永川，扩大联合体对外影响力，共享职业教育改革发展成果。

三、成效经验及社会影响

（一）机制建设保障联合体高效长效运营

健全"理事会—秘书处—区域工作委员会"管理体制和运行机制，细化管理职能和服务职责，基于产权制度和利益平衡原则构建"过程共管、成本共摊、责任共担、成果共享"的四共长效运行机制，实现"精细化管理、市场化运作、集约化发展"，提高了多主体的积极性；在理事会下设立联合体运营平台，统筹人才供需对接，推动联合体内产业学院、实践中心、技术平台等载体建设，推动成果高效转移转化。机制建设相关文章《西部职教基地产教联合体探索与实践》在核心期刊《职业技术教育》上发表。

（二）多方共建推动多主体资源均衡共享

联合共建3个行业资源转化中心，开展产业链职业资格标准编制、课程教学资源与技能培训资源开发等工作，建设市级职业教育专业教学资源库30个；畅通人力资源校企双向流动渠道，搭建师资共享网络平台，建设12个省部级教师企业实践流动站；打造省部级以上产教融合实训基地、仿真实训基地6个。学校与永川高新区合作共建西部职教基地优质师资共享平台，已吸引永川区各行业、企业、院校2000余名教师加入。人民网、新华网、中国教育报、中国教育在线、中国青年网等40余家媒体对西部职教基地产教联合体建设进行相关报道。

（三）院校互动提升多场域服务企业能力

联合体出台《关于进一步深化园校融合服务产业发展的行动计划》《科研成果转化为教学资源认定办法》等20余项制度；建设高水平技能传承与推广平台3个，在关键零部件精密加工等高精尖技能领域形成技术优势，服务"卡脖子"技术攻关；进一步整合、升级科技创新平台，搭建智能网联汽车等3个公共检测、测试平台。学校科研创新团队帮助10余家在永企业实现技术升级20余项，解决生产一线技术与工艺实际问题，促进园区（企业）实现产值近亿元。其建设模式实现了教育链与资源链、产业链、人才链、创新链全方位融合，构建了职业教育服务区域经济发展的产教融合、科教融汇新生态。

第七节　提升服务发展水平

服务技能型社会，形成可持续职业培训生态体系。实施"五大"服务工程，提升社会服务水平，面向企业职工、职教师资等五类人群开展社会服务与培训，采用互联网+、职业培训资源包等形式，广泛与企业、院校、社区等组织深度合作，构建了"四贯通·三交互·两共学"职业技能培训模式，助力建设终身学习型社会。获批教育部国家级职业学校校长培训基地、职业院校双师型教师培训基地、全国高校毕业生就业能力培训基地；形成国家级"智慧助老"优质工作案例1个、"智慧助老"优质课程资源1门；承办"国培"等职教师资培训班155个，培训对象覆盖全国32个省、直辖市、自治区的500余所职业院校；社会培训总规模达104.5万人·日，社会服务总收入达1.6亿元；与奉节县等政府共建3个乡村振兴学院，有力支持国家乡村振兴战略。通过培训经历与继续教育学分有机转化，基本形成N+1的培训与继续教育共融的终身学习模式，搭建了培训与学历继续教育有机融合的新途径。

案　例

构建"四贯通·三交互·两共学"模式,提升职业技能培训水平

一、实施背景

2019年5月，国务院办公厅发布《职业技能提升行动方案（2019—2021年）》，提出大力推行终身职业技能培训制度，面向职工、就业重点群体等劳动者，大规模开展职业技能培训；2019年10月，教育部办公厅等十四部门印发《职业院校全面开展职业培训 促进就业创业行动计划》，指出职业院校要全面开展职业培训，提高劳动者素质和职业技能水平。但在实施过程中，仍存在一些突出问题和挑战。一是认知失策：职业院校不同程度地存在着"轻培训、重学历"的传统观念，缺乏对职业培训的深入认知，育训结合路径不通畅。二是方法失调：职业培训与学历教育在教师、教材、教法等方面有很大区别，互不融通。三是内容失衡：教学内容与企业需求存在脱节，导致职业院校培养人才与企业需求不匹配。

二、建设举措

学校不断凝聚共识，深耕细作，首创性提出"群工群学"育训理念，跨界性搭建"双岗双驻"培训师资融通新路径，形成"四贯通·三交互·两共学"职业技能培训模式（图5-19）。四贯通即培训理念、培训机构、培训制度、培训平台四位一体，为职业技能培训的实施提供路径指引；三交互即技师、教师互聘，教学资源、培训资源互享，教学方法、培训方法互补，为培训模式提供过程性资源保障；两共学即X证书与能级证书两者对接共学，一考双证，达成技术技能人才供需匹配的培训成效。

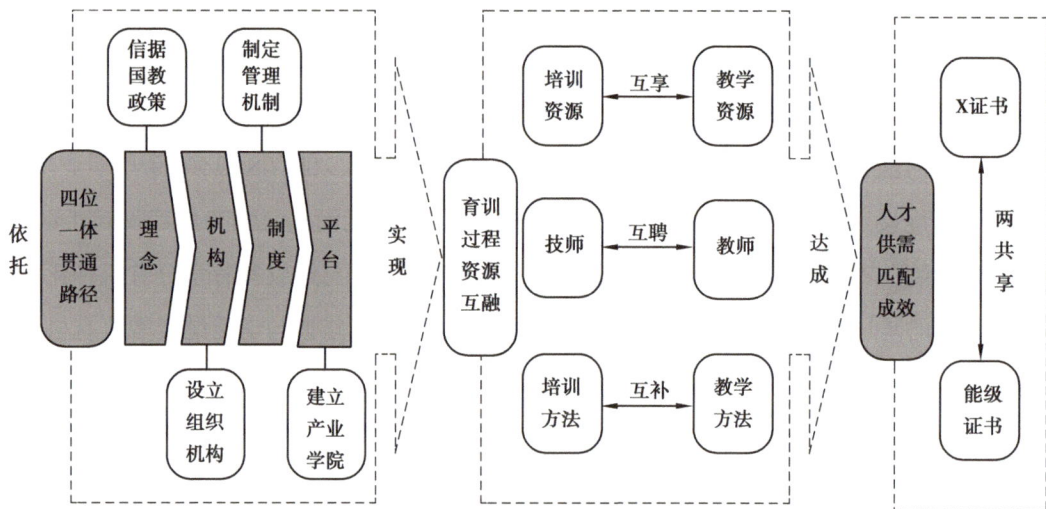

图5-19 "四贯通·三交互·两共学"职业技能培训模式

(一)"理念—机构—制度—平台"四位一体,贯通育训结合路径

坚持"理念—机构—制度—平台"四位一体(图5-20),坚持"群工群学"育训理念,科研与社会服务处、国际交流与合作发展处、培训与继续教育中心三方共促共管,制定《科研项目管理办法》《培训团队带头人和培训师遴选办法》等70条举措,把职业技能培训纳入横向课题及科研绩效考核,职业技能培训工作量计入教学工作量,提高教师参与职业技能培训的积极性。以"长安汽车大学智能制造工程学院"为职业培训平台,校企共建欧尚汽车技术、新能源汽车技术、凯程汽车技术及汽车技术服务大师工作站等职业技能培训基地,发挥校企共享资源优势,开拓学校与企业双实践基地,构建学历教育与职业培训相融通的职业教育办学格局,促进资源整合、人才融合。"理念—机构—制度—平台"四贯通,解决了职业技能培训育训结合路径不畅通问题。

(二)"双教师、双教材、双教法"三交互,实现育训资源融合

团队以平台为驱动,开展"双千双师""大师工作站"驻企驻校等项目,推动校企师资需求互洽和互补共进,实现"双师"共融互聘,依托"示范性职工培训基地"等项目,开发"定制教材"和"模块化课程包",实现培训资源与教学资源互享,为各类型的就业人员培训提供保障;以"现代学徒制""企业新型学徒制"等职业培训项目驱动"员工与学生的身份互换",理论学习与实践训练双结合,促进高等教育教学与技术技能提升双教法的互补,实现校企零距离接轨培养高质量技术技能人才(图5-21)。

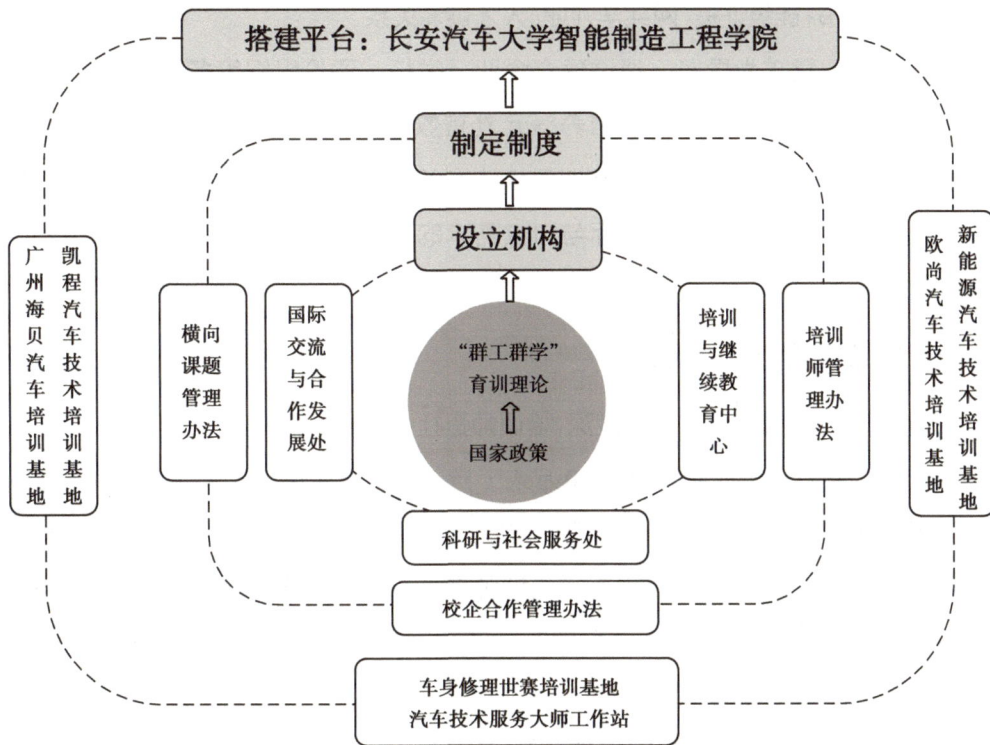

图5-20　四位一体图

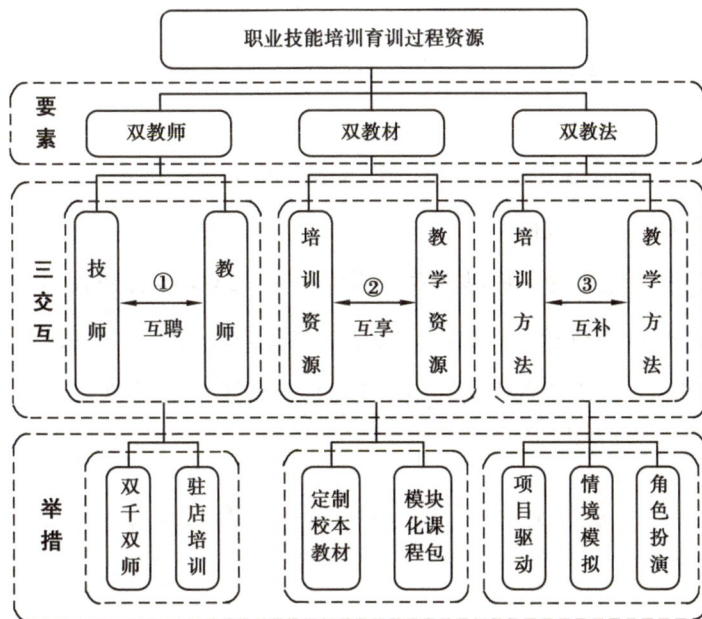

图5-21　"双教师、双教材、双教法"三交互

（三）"X证书+能级证书"两共学，匹配人才供需关系

学校以行业需求为导向，通过建立企业、学校、评价组织等多主体共研校本教材，将课程思政、双证核心职业素养等元素有效渗入教学内容，把X证书标准、企业岗位标准融入培训标准，通过培训考核达到X证书及能级证书的标准要求，对接学分银行，借以提升职业培训目标与岗位需求的匹配度，增强参训人员多岗位转换的适应性。

三、成效经验与社会影响

（一）职业技能培训受众广、程度深，培训师资社会认可度高

近年来，共开展企业职工培训10万人·日，其中获全国技术能手荣誉称号3人，重庆市五一劳动奖章1人。开展职教师资职业培训29期，共培训5万多人·日，参训教师覆盖吉林、山东等15个省市。培训师资团队实力逐渐壮大，获国务院政府特殊津贴2人，全国技术能手2人，全国五一劳动奖章获得者1人，重庆市五一劳动奖章获得者2人。

（二）职业技能培训模式辐射强、效益显，学校企业社会影响深远

《基于"校企商合作"维修技师培训管理体系建设实践》获重庆市国资委企业管理现代化成果三等奖，长安汽车校企实训基地获教育部认定为国家级生产性实训基地，《长安汽车大学智能制造工程学院办学模式及成果》获中国高等教育学会联合办学典型案例。

（三）职业技能培训模式关注多、推广实，面向国内外有力发声

央视新闻联播、中国教育电视台、央视焦点访谈等权威媒体报道学校与长安汽车的合作模式，产教紧密融合，职教改革向纵深推进。成果经验在人民网、新华网、华龙网等主流网站报道10余次。项目组成员在学徒制国际研讨会、中国高博会等重要学术会议上发言35次，在职业院校国培市培中做经验分享30余场次。

第八节　提升学校治理水平

学校突出跨界开放属性和类型教育特征，坚持权益攸关方"共商、共建、共治、共享"原则，不断完善以学校《章程》为核心的现代大学制度，有力推进治理法治化、多元化、

协同化、自治化、智能化、民主化,全面提升治理能力。完成内部质量保证体系诊断与改进国家首批试点院校建设任务,成为全国首批通过教育部复核的10所学校之一;获2021年高职院校学生发展、教师发展、服务贡献、资源建设优秀学校,成为4项榜单均入选的17所学校之一;近五年,在校生、毕业生、家长及用人单位满意度均保持98%以上,录取分数、入学报到率位列重庆前茅且逐年递增,成为西部地区最受学生喜欢的高职院校之一。学校基本实现"四共协同""六化一体"的治理体系和治理能力现代化。

案 例

构建"126"协同治理体系,引领事业高质量发展

一、实施背景

职业教育是与经济社会联系最为密切的类型教育,政府、行业、企业、社区等不同组织都会影响高职院校的人才培养质量。推进高职院校治理能力提升对全面深化高等教育改革,促进教育治理现代化,对推动教育事业科学发展都具有重要意义。近年来,重庆电子科技职业大学认真贯彻落实党的二十大精神,全面落实习近平总书记关于教育的重要论述,积极构建"126(一统、两驱、六化)"协同治理体系,加快提升学校治理体系和治理能力现代化水平。党建工作与学校事业四横四纵工作模式如图5-22所示。

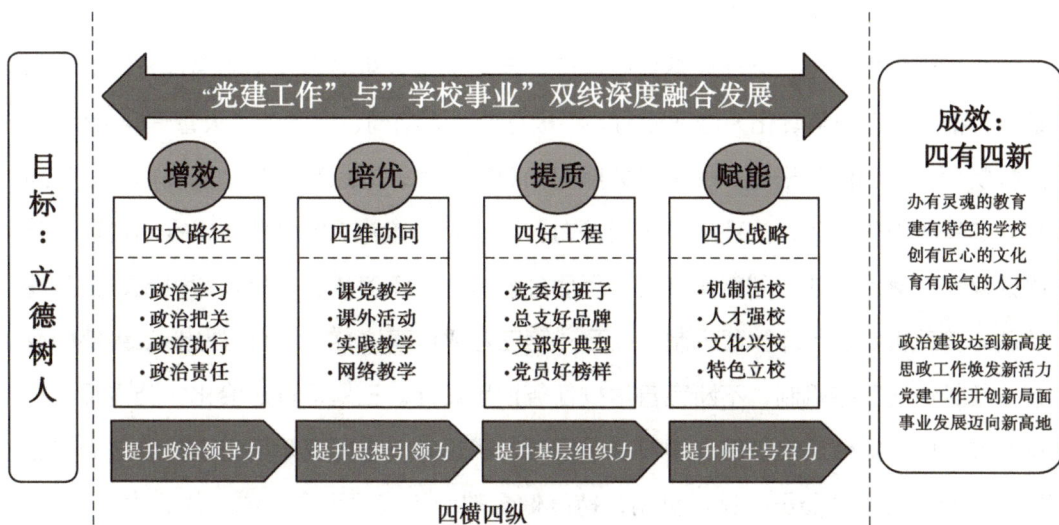

图5-22 党建工作与学校事业四横四纵工作模式

二、建设举措

(一)一统:党建统领事业发展,把牢内部治理改革方向

探索形成"一个目标、双线融合、四横四纵、四有四新"的"1244"党建工作体系,围绕党建工作与学校事业双线深度融合发展工作思路推进党的建设,通过"四大路径"提升政治领导力、"四维协同"提升思想引领力、"四好工程"提升基层组织力、"四大战略"提升师生号召力,形成"四有四新"的工作成效,以高质量党建引领学校事业高质量发展。

(二)两驱:创新考核评价和改革绩效分配,增强内部治理改革动力

一是基于内部质量诊改,创新考核评价机制。逐步探索形成了基于质量诊改的分类分层分级的全过程目标量化考核机制。同时,专任教师、校领导、处科级干部、管理和工勤人员分类进行考核评价,以考定岗、以岗定薪,大力营造"多劳多得、优绩优酬"的考核评价氛围。二是实施绩效分配改革,激发干事创业动力。探索建立了以二级单位分配为主、学校统筹为辅的两级分配体制,给予二级单位自主权,提高办学质量;稳步实施岗位固定绩效+业绩绩效分配机制,淡化教职工身份、强调业绩贡献;创新实施年度核心指标绩效单列奖惩机制,补齐学校发展短板;增设累计贡献、专项工作、教职工成果奖励等统筹分配机制,激发教职工活力、营造良好氛围。

(三)六化:观念现代化、工作体系化、运行法治化、管理扁平化、平台数字化、能力实战化,找准内部治理改革路径

一是观念现代化,治理体系变革重塑。定期举办教育治理理念和治理方法的专题培训,推动学习成果转化为治理能力。积极打造"大格局、大学院、大管理、大保障"的校院两级内部治理格局,优化机关部门和职能设置,以点带面带动全线提升服务质量。二是工作体系化,治理机制协同发力。以五大工作新机制为载体,推动各项任务高效落实、落地见效。创新实施任务层层分解机制、年度核心指标设置机制、任务清单动态管理机制、闭环管理机制,以及"第三方评价建议+部门互相提出+二级部门反馈"任务迭代完善机制,不断完善学校任务顶层设计。三是运行法治化,凸显师生主体地位。坚持把依法治校纳入学校"十四五"子规划,全面统筹推进学校依法治校工作。不断完善学术委员会运行机制,持续健全教职工代表大会、学生代表大会制度,积极构建师生共担、共治、共享的校园治理共同体。四是管理扁平化,治理效能不断提升。将原有11个实体性学院和2个功能性学院,调整为8个实体性学院和3个功能性

学院,解决资源分散、重复建设等问题。开展职能梳理和重构,减少职能的交叉重复。五是平台数字化,创新数据治理模式。采取大数据及人工智能等前沿技术,以数据中台战略为架构理念,建设涵盖学校数据业务的全链服务平台;通过数据服务平台,创新数据应用,形成实时预警可视化学校事业、教师个人和学生个人画像系统,螺旋式提升数据价值;改革信息中心"一包到底"数据治理方法,创新数据治理"教、学、研"共生型自主建设模式,形成"供方自治、需方自助"的"供需自洽"式数据治理新模式。六是能力实战化,治理整体成效初显。引导领导干部树牢"强优势、补短板、填空白"的工作思路,要求领导干部践行"以师生为本"的服务理念,创新实施校领导360度现场办公会等,不断增强师生的获得感和幸福感,凝聚起共同推动教育事业高质量发展的强大动力。

三、成效经验与社会影响

双高建设五年期间,学校完成内部质量保证体系诊断与改进国家首批试点院校建设任务,成为全国首批通过教育部复核的10所学校之一;获高职院校学生发展、教师发展、服务贡献、资源建设优秀学校,成为4项榜单均入选的17所学校之一;获全国职业院校学生管理50强、高职院校校友工作先进单位、重庆市首批"新时代依法治校示范校"等多项荣誉;校领导多次在教育部赴重庆调研会、全市教育工作会、全市高校人才工作座谈会上作经验交流发言;形成了"全国高等职业院校治理体系建设优秀案例",并获"2020年全国高等职业院校治理体系建设优秀案例50强"。2023年,学校综合实力在金平果、广州日报GDI智库、武书连排行榜中分列全国第9、第5、第3,较双高建设前,排名分别提升7位、5位、9位。治理体系和治理能力的提升,有力助推学校事业高质量发展。

第九节　提升信息化水平

学校健全信息化持续发展保障机制,利用"供需自洽"数据治理方法,采取"教、学、研"共生型信息化自主建设模式,新增4个核心平台、45个业务系统及209个线上办事服务,建成"统一、融合、安全、开放"的数字基座,建成"重电"大数据中心,打造智能型数字化校园。依托校本智慧大脑数据仓库快速自动完成85个数据集合对接上报工作,数据对接完成率达100%。入选教育部第一批职业院校数字校园建设试点单位，获网络信息安全 ISO 27001国际认证、国家级网络学习空间优秀案例学校，建成国家精品在线开放课程14门、国家级专业（群）教学资源库3个、获批国家级职业教育示范性虚拟仿真实训基地培育项目1个，获批重庆市教育信息化试点优秀学校、重庆市智慧校园建设示范学校，实现校本数据共享率达100%、线上业务办理覆盖率达100%、线上教学覆盖率达98%、人才培养质量监测覆盖率达100%，师生信息化满意度达95.15%。通过"教、学、研"共生型自主建设模式的持续优化，为学校实施数字战略提供可持续发展的支撑作用。

案 例

以"三个聚焦"推进数字课程改革

一、实施背景

近年来，学校认真贯彻落实习近平总书记关于数字中国建设的重要指示批示精神，根据中共中央、国务院印发的《数字中国建设整体布局规划》，重庆市人民政府印发的《重庆市数据治理"十四五"规划》和"数字重庆"建设要求，紧跟职业教育改革步伐，以"聚焦教育数字化转型、聚焦三教改革推进、聚焦数字课程推广"的"三个聚焦"为抓手，推进数字课程改革，促进数字课程可持续发展，推动教育教学质量不断提高。

二、建设举措

（一）聚焦教育数字化转型，大力推动教学模式创新

集萃优质数字资源，赋能教学模式变革。按照"应用为王"工作理念，打造数字资源融合统一的智慧教学服务平台，学校完成多个互联网云平台资源的统一融合。同时大力改造智慧教学场所，通过日常教学过程动态创建数字资源，实现资源建与用相融相成，解决资源建而不用现象，赋能教学模式改革。

深挖校本数据，创新师生网络学习空间。综合应用校本数据中心，深挖数据价值，极大化采集教学过程数据，实现内外互联融合，满足学生学习的多样化、个性化、泛在化，形成"一师一空间，一生一平台"的个性化服务，达成"一个空间尽得所需"的成效。

深化评价改革，助力课程高质量发展。以课程质量为核心，深入应用大数据及人工智能技术，支撑教学过程图片、视频等资源智能化处理，创新课程知识图谱、学情

分析等应用场景，构建多层级综合画像，改革专业建设、课程建设、课程教学全链式质量评价，助力课程高质量发展（图5-23）。

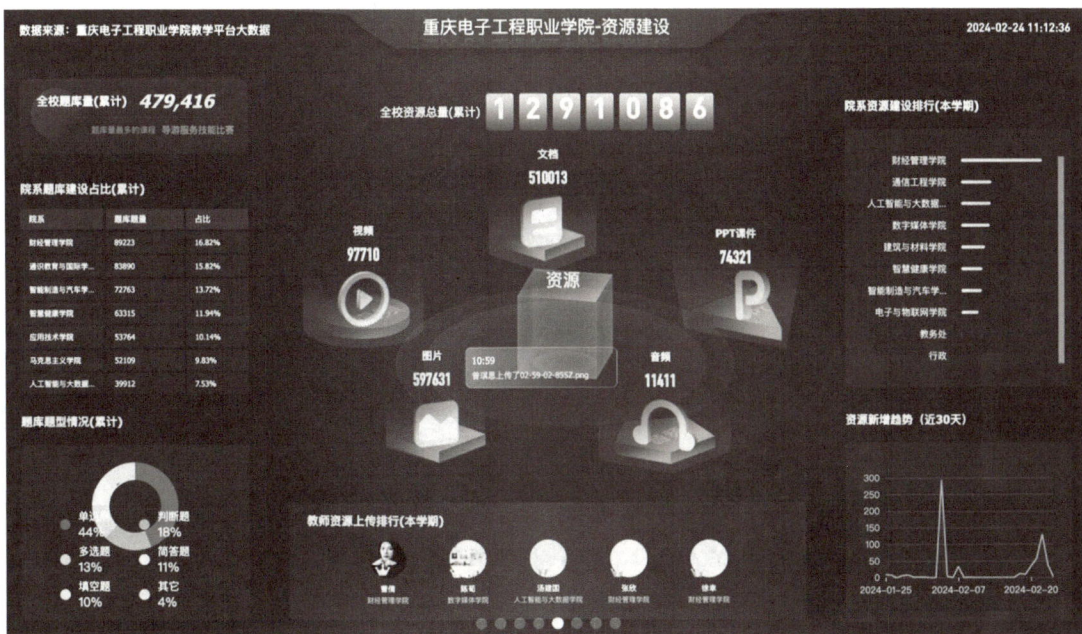

图5-23　数字资源大数据

（二）聚焦三教改革，提高数字课程教学质量

赋能教师教学资源，提升教学专业能力。利用"搭台子、找路子、压担子"，提升专业能力。一是搭台子，2020年来，学校推进卓越工匠之师教学团队建设，通过"金课堂"、优质公开示范课等方式，打造数字课程改革实践平台。二是找路子，制定《教师到企业或实训基地实践管理办法》，通过企业实践流动站、"双师"教师培训基地等师资培养载体，让教师与企业人员技术技能水平"同频共振"。三是压担子，以赛促教，将教学比赛纳入督导指标体系，杜绝"赛教两张皮"，建立院校两级常态化教学竞赛机制，让优秀教师脱颖而出，年轻教师快速成长。

整合优质数字资源，打造新形态数字教材。一是健全教材选用机制，制定《教材管理办法》，成立教材建设与选用委员会，规范教材选用程序；二是依托学校产教融合平台，整合企业优质资源，及时将新技术、新工艺、新规范引入教材；三是开发工学结合的活页式、融媒体、立体化的新形态数字化教材；四是深度挖掘专业课程思政元素，有机融入工匠精神、职业道德等内容。我校提出的《"四共·一驱·四融"高职教材开发模式》获2021年重庆市教学成果一等奖。

激活新型课堂教法，深化教学模式改革。一是依托"重电"智慧教学服务平台

（图5-24），搭建业务流畅、数据规范，资源丰富的数字化教学应用场景，将数字技术应用纳入《课程教学督导评价体系》，推进混合教学模式改革。二是校企合作建设虚拟仿真实训基地，支撑传统课堂向数字化、智能化、泛在化方向转型，促进教学模式及方法改革。

图5-24　智慧教学服务平台

（三）聚焦数字课程推广，提高人才培养质量

基于校本教学平台，全面支撑混合教学。通过智慧教学服务平台推进数字课堂改革，2023年平台完成混合教学课程近1500门，参与学生数近2.4万人，资源累计访问量达6820万人次，实现全校线上教学开课率达98%以上。

依托产教融合平台，实现数字课程推广。利用学校牵头组建的国家级示范性职教集团"重庆电子信息职教集团"、"成渝地区双城经济圈产教融合发展联盟"等10个校企联盟及"重电–华为ICT学院"等16个产业学院，建立校行企数字课程资源共建共享联盟，实现校本170余门精品课程、220余本教材、3.4万余条资源和54项标准在100家以上成员单位推广使用。

三、成效经验与社会影响

学校全面启动数字课程改革以来，针对数字课程建设与应用过程管理难、考核难等问题，以"三个聚焦"为抓手，有效推进数字课程改革。学校先后获"全国网络学习空间优秀学校、重庆市教育信息化试点优秀学校、重庆市智慧校园示范校"等荣誉称号，是全国首批职业院校数字校园建设试点单位。

学校建成数字精品课程185门（国家级19门、市级48门、校级118门）；主持建设教学资源库10个（国家级3个、市级5个、校级2个）。依托国家智慧教育公共服务平台和重庆智慧教育教学平台等平台，开设线上课程500余门次，数字开放课程获得学分近8万人次，被全国2000余所高校及企业使用。通过校内校外多渠道推广数字课程，有效提升了我校的办学质量。教师获得全国教学能力比赛一等奖5项，学生获国家级技能竞赛一等奖96项。2022年，学生获世界技能大赛光电技术项目赛项金牌1项、全国"挑战杯"大赛金奖1项，中国"互联网+"大学生创新创业大赛金奖5项，全国技能大赛一等奖18项。

第十节　提升国际化水平

学校坚持服务"一带一路"建设，拓展中外人文交流与合作，坚持"引进来"、"走出去"和搭建多样化国际交流平台。探索"中华优秀传统文化+实践教育+体验教育+国情教育+安全法规教育"留学生文化培育体系。通过中外合作办学培养学生405人，面向19个国家招收留学生345人，获国际通用职业资格证书198人次，立项教育部教育援外鲁班学堂等国家级、省部级国际项目20余项；坚持"教随产出、校企同行"，服务华为、长安、奇安信、中国信科等企业"走出去"，建成中乌ICT学院、哈萨克斯坦长安中文工坊、中印尼国际工匠学院、中德（西南）师资培训基地等海外分校和培训中心9个，为南非、巴基斯坦、老挝、泰国等国培育技术技能人才500人；主动搭建交流平台，积极参与世界技能竞赛。牵头成立中非（重庆）职业教育联盟，开发坦桑尼亚国家职业标准54项，全部正式被纳入坦桑尼亚国家职业教育体系。打造"重庆海智工作站"，承接老挝科研与教学实践项目，在老挝3所院校4000余人中广泛应用。制定世界技能竞赛赛项标准1项，实现世界技能大赛新赛项中国发起零突破，建成世界技能大赛中国集训基地2个，建成世界技能大赛中国（重庆）研究中心光电技术研究院、世界技能组织"国际培训中心"，培养世界技能大赛主裁判2人、专家组组长2人，斩获世界技能大赛金牌1枚。

案 例

联盟赋能、项目牵引、海外办学，助力中非职教发展

一、实施背景

2018年9月3日，习近平总书记在中非合作论坛北京峰会上宣布实施"八大行动"，明确提出"向非洲青年提供职业技能培训"。《中国教育现代化2035》提出开创教育对外开放新格局。重庆地处"一带一路"和长江经济带的连接点，同时也是"渝新欧"起点。建设内陆开放高地是党和国家对重庆的重要战略要求，2021年在教育部中外人文交流中心、东非共同体高等教育委员会和重庆市教育委员会的指导下，学校牵头成立中非（重庆）职业教育联盟，并入选重庆市国际化特色项目，为非洲国家培养既懂语言文化又懂技术的专业人才，实现海外本土化一线人才培养和企业需求的精准对接。

二、建设举措

学校在中非（重庆）职业教育联盟框架下，以为"走出去"企业解决本土人才需求瓶颈为目标。在中非（重庆）职业教育联盟建设过程中，学校发挥专业优势，坚持平等合作、双向交流原则，不断探索联盟框架的功能和平台作用，实现联盟赋能、项目牵引、海外办学，切实输出优质职业教育资源与先进技能技术，服务在非中资企业（图5-25）。

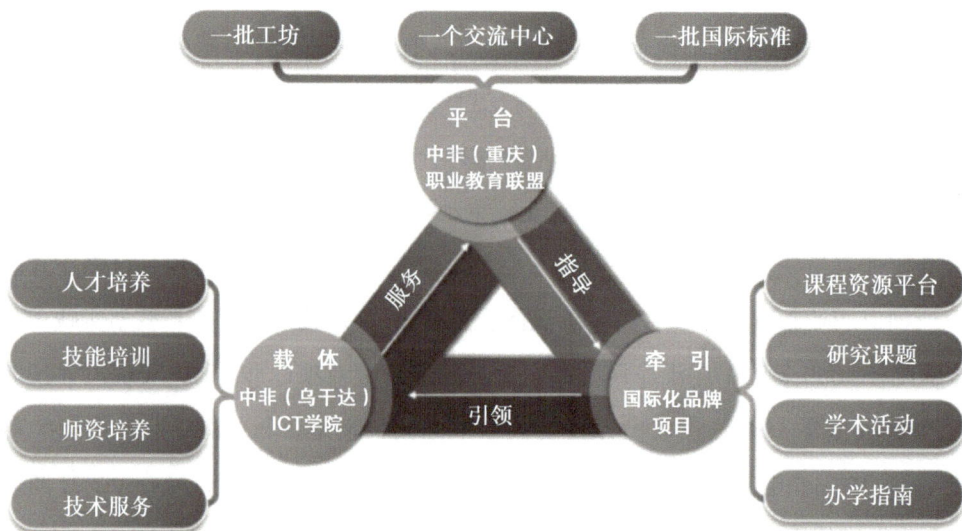

图5-25 "联盟赋能+项目牵引+海外办学"中非职教合作模式

(一)联盟赋能,"三个一"激活国际合作新格局

中非(重庆)职业教育联盟成立后,学校主要领导亲自挂帅,校企联合组建项目管理办公室,定期督导、检查和推进联盟各项事务。联盟主要为中非职业院校提供一个合作交流的平台阵地,重点推进国际化人才培养、教学资源库建设、课题研究和境外合作办学成果推广交流等方面。在联盟框架下推进"一个交流中心、一批工坊、一批国际标准"的"三个一"合作机制,建成中非(重庆)职业教育合作交流中心,促进成员单位在非洲成立7所海外分校,发起坦桑尼亚国家职业标准开发项目,打造职业教育国际品牌,探索校际协同、配合企业的校企合作模式,形成共研、共享、共用国际化发展经验和成果。

(二)项目牵引,"1+N"展示国际合作新作为

以重庆市国际化特色项目为抓手,围绕国别及专业特色,多元实施"课程资源+研究课题+学术交流+境外办学指南"为支撑的"1+N"中非(重庆)职业教育合作发展。建成国际化资源平台1个,发布课题20项,举办中非(重庆)职业教育对话会3期,形成中非(重庆)职业教育境外办学指南。以"中文+职业技能"服务走出去中资企业为载体,对驻坦桑尼亚、埃塞俄比亚等非洲国家非中资企业外籍员工开展培训,加深非洲青年对中国的了解,增进对华感情,促进中非国家友好交流。中非(重庆)职业教育境外办学标准体系如图5-26所示。

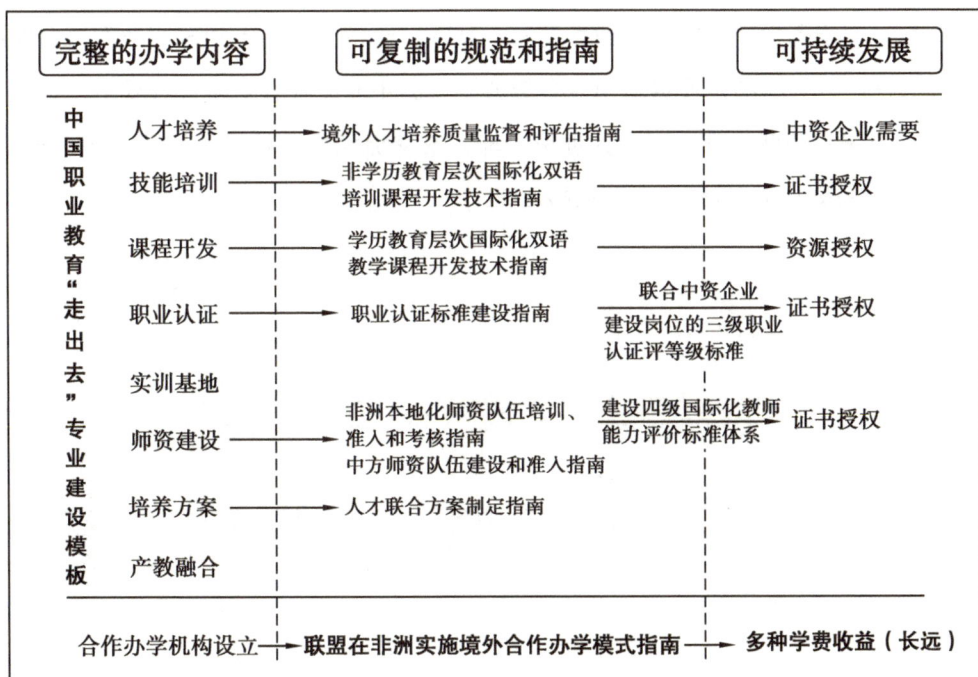

图5-26　中非(重庆)职业教育境外办学标准体系

(三)海外办学,打造"重电"职教出海新范式

学校与华为、乌干达麦克雷雷大学共建中非(乌干达)ICT学院,聚焦信息通信(ICT)领域,围绕人才培养、技能培训、师资培养、技术服务等,探索境外办学新路径,为乌干达以及东非地区培养精通信息通信技术、了解中国文化的专业人才,提高本土信息通信技术水平,同时向华为、传音等驻非中国企业以及其他同行业企业输送技术技能人才。招收乌干达留学生76名,学校教师团队赴乌干达开展华为5Gstar全网仿真训练系统师资培训,成立工作小组高标准开发《物联网工程导论》等8门专业核心课程国际资源,专业及课程标准通过东非大学理事会及重庆市教育评估院认证,为中非开展职业教育深度合作奠定坚实的基础。

三、成效经验与社会影响

联盟建成中非(重庆)职业教育合作交流中心,为联盟提供交流平台与学习空间。学校发起的坦桑尼亚国家职业标准开发项目,99个岗位职业标准纳入坦桑尼亚国家职业教育体系,受到国务院官网、人民网等政府行业媒体的关注和报道。在2022亚洲教育论坛年会上,学校荣获"职业教育国际合作典型院校",相关成果被《中国教育报》专题报道,入选教育部《世界职业技术教育发展大会成果汇编》、中国通信学会《产教协同育人国际合作典型案例》、中国职业技术教育学会《中国职业院校优秀案例集》、中华职教社《走向世界的中国职业教育——共建"一带一路"十年来职业教育合作成果》等。在"联盟赋能、项目牵引、海外办学"的中非职业教育发展模式下,共同推进中非(重庆)职业教育合作,为促进中非人文交流和民心相通,服务"一带一路"建设和中非命运共同体构建作出了积极贡献。

第六章 承前启后：
"双高计划"的思考与展望

2024年是"双高计划"实施中极为特殊的一年。一方面，首轮"双高计划"建设期已结束，教育部、财政部于2024年1月启动了首轮"双高计划"终期绩效评价工作，全方位衡量197所建设院校的建设质量与成效，评价结果万众瞩目；另一方面，以"办学能力高水平、产教融合高质量"为导向的"新双高"呼之欲出，"双高计划"的内涵已然升级迭代，"新双高"何时启动、如何遴选和建设成为关注焦点。总结首轮建设的经验启示、反思存在的问题与不足、探究未来建设趋势和方向，将有助于学校在"新双高"建设的关键节点掌握主动、有的放矢。

第一节 首轮"双高"建设的经验启示

回顾首轮"双高计划"的实施历程，是基于高职教育自身发展实际与现实诉求，以立德树人为根本、以提升质量为核心、以内涵式发展为主线，聚焦"引领改革、支撑发展"来打造高水平学校和专业群。首轮"双高计划"撬动效应明显，其他预算资金投入达到中央财政专项的4倍以上，同时推动地方政府有针对性地出台了百余项职业教育改革政策措施。首轮"双高计划"改革效益突出，一是推动了职业教育与普通教育的协调发展，彰显了职业教育类型特色，二是促进了职业教育与产业发展的紧密联系，增强了职业教育适应性；三是提升了技术技能人才培养质量，增强了职业教育的吸引力和社会认可度。

聚焦学校层面，197所"双高计划"建设院校无论是在办学规模、基本办学条件、内涵建设、社会认可还是国际影响上都提升显著，取得了一列教育教学、技术研究成果，贡献了一系列模式、制度和标准，一批高职院校成为在区域乃至全国具有示范带动作用的引领者。以重庆电子科技职业大学为例，通过总结"双高计划"建设单位的成功经验，以下几个方面或将对其他高职院校有所启示。

(一)坚持落实立德树人根本任务

立德树人不能停留在理论认识的高度，要寻找到切实可行的教育路径。要结合高职学生的认知特点和职业教育的教育规律，构建"大思政"工作模式和课程思政同向同行的课程体系，利用好"数字思政""全景育人"等新形态，将德育内嵌于课堂教学、技能培养、实习实训等环节，将价值塑造融入人才培养目标体系及规格要求。

(二)坚持将专业群建设作为关键抓手

专业群建设是适应产业升级转型的必然需求、提升人才培养质量的重要途径，只有通过专业群建设才能够让产业链或职业岗位群与职业教育精准匹配，将"教"与"产"之间的映射落细落小；也只有通过专业群建设才能够解决单个专业之间资源相通性弱、联结性不强的问题，从而提升人才培养的适应性和灵活性。因此要加强高水平专业群的组群逻辑、建设机制、资源共享等方面的理论研究，推进专业群课程体系建设与实施不断向纵深发展，进一步体现专业群价值。

(三)坚持"高""强""特"建设目标

"高"意味着在该领域占据着领先地位，"强"意味着具有规模、数量、质量上的竞争优势，"特"意味着具有差异化和不可替代性。双高建设不能只和自己进行纵向比较，而是要加强在区域、全国范围内的横向对比，对标对表前列院校和同类专业群，强优势、补短板、填空白、拉升标杆、立好属于自己学校的"高峰"，打造有影响力的品牌。

(四)坚持服务国家战略和区域经济发展

在"双高计划"建设中需要了解国家战略和区域经济发展的实际需求，找准自身服务国家战略和区域经济发展的贡献点所在，采取一系列措施提升服务能力，强化对数字中国、乡村振兴、一带一路、技能型社会等战略的服务支撑，在长江经济带发展、粤港澳大湾区、成渝地区双城经济圈等建设中发挥不可替代的作用。

(五)加强经费投入和"自我造血"

经费投入是"双高计划"顺利实施的重要保障，能否撬动优质资源参与双高建设也是绩效评价成效的内容之一。院校自身也应积极拓展经费来源，除了依靠财政投入外，院校还可以通过与企业合作、开展社会服务、吸引社会捐赠等方式筹集资金，开展有偿技能培训、科技成果转化等活动，增加收入来源。在加强经费投入的同时，学校还应注重资金的使用效率、建立科学的预算管理制度，确保每一分钱都用在刀刃上。

(六)加强绩效管理和评价

有效的绩效管理可以帮助双高院校更加合理地分配人力、物力和财力资源，科学的绩效评价能够激励教师积极投身双高建设、推动问题改进和可持续发展。双高院校应该通过制定明确的目标体系、完善组织架构与流程、健全绩效管理和评价制度、加强过程监控与反馈等方式推动双高建设任务有效落实，提升建设效益。

第二节　首轮"双高"建设的不足与反思

结合重庆电子科技职业大学在建设实践中的反思和其他"双高计划"建设院校中期绩效评价报告相关内容，首轮"双高计划"建设过程中学校仍面临许多治理困境和发展瓶颈，一些突出问题成为制约学校双高建设成效的主要因素。

(一)服务产业的意识和能力还需要加强

首轮"双高计划"专业群以标志性成果作为主要遴选标准，更加注重办学基础，具有传统优势的专业群相对容易获得"双高计划"立项。因此高职院校在"双高计划"建设中更多地关注自身的内涵建设和办学条件改善，专业群建设一定程度上滞后区域产业转型发展趋势，未能有效对接产业优化人才培养模式，面向高端产业和产业高端的高素质技术技能人才供给态势不足，单一技能型人才多、复合型技能人才少。在科研和技术服务上，一些学校更多地停留在理论研究层面，缺乏将成果转化为实际应用的能力，校企有组织地推进成果转化、开展技术攻关较少，难以满足产业创新发展、转型升级的迫切需求。这一现象的背后，既有院校自身发展定位和服务理念的问题，也与外部环境、政策支持以及产教融合深度等因素密切相关。

（二）差异化、特色化的发展定位还需要明晰

在双高建设中专业群同质化发展的倾斜仍较为明显，一方面在专业群设置上一些学校缺乏系统、全面、深入的产业调研，部分专业群培养的人才相对充沛，同质化导致部分行业人才供给相对过剩、就业市场竞争激烈，从而导致区域内高素质技术技能人才的结构性矛盾，而一些富有地方特色或行业特色的专业群则缺乏关注和发展机遇。另一方面，一些学校在建设内容和举措上缺乏特色设计，课程、教材、教师团队等多个方面的绩效指标几乎雷同，普遍是回应政策要求和争取认可度高的标志性成果，如技能大赛获奖、在线开放课程等，陷入成果内卷的漩涡。这种趋同不仅限制了高职院校特色优势的形成，也不利于面向未来培养具有创新精神和竞争力的高素质人才。

（三）产教融合、校企合作路径还需要创新

具体表现为产教融合任务设计不尽合理，"提升校企合作水平"仅仅作为"双高计划"十大建设任务中的一个独立设计，未能作为主线贯穿人才培养高地、技术技能服务平台等其他建设任务，且学校服务产业、企业、岗位、技术定位不够精准，合作路径和具体举措不详；产教协同育人机制有待完善，企业在课程、教材、实训基地、师资队伍等关键办学要素上参与度参差不齐，特别是校企共建的开放共享实践中心、高水平产教融合实训基地数量不足，订单班和学徒制培养未能结合产业发展需求更新迭代，校企育人资源缺乏整合；产教融合载体未能做深做实，学校的公益属性和企业的效益追求之间仍未形成完善的互利共赢机制加以平衡，主体责任、投入保障、利益分配问题以及激励政策的碎片化导致职教集团、产教联盟等平台载体运行不畅，且合作企业中龙头企业、领军企业缺乏热情、参与不足。

（四）关键办学能力还需要提升

高职院校的关键办学能力是一种可持续发展能力，一些学校还未能准确把握双高建设与关键办学能力提升的关系，部分院校对显性成果背后的内涵要求研究不够，忽略了整体的质量底线和可持续发展的保障机制，项目建设经费围绕个别团队、个别专业、个别成果去做文章，尽管取得了一些核心成果，但受益范围小、引领带动作用不明显。从要素上看，课程与教材、教师队伍、实践项目仍是亟须提升的短板所在，在开发课程、教材等优质教学资源中未能有效融入新方法、新技术、新工艺、新标准，普遍缺乏具有行业经验和专业技能的"双师型"教师，实践项目的内容和形式难以激发学生的学习动力，实践教学评价体系难以反映学生真实的能力水平。

(五)学生群体的获得感还需要关注

一些学校在"双高计划"建设中过于关注模式改革、资源建设等显性成果，标志性成果产生背后的建设机制、激励措施、学生受益度等隐形成效。"双高计划"建设的价值追求之一应当是学生有获得感，要重视是否为学生提供了个性化的学习支持服务，是否提升了学生的创新能力和可持续发展能力，是否为学生高质量就业和创新创业提供了有利条件，是否为学生多样成才提供了选择等。结合双高建设的顶层设计，学生受益应当在双高建设的任务、过程、产出中全程体现。

(六)特色经验做法还需要凝练并推广

"双高计划"的目标之一是引导高职院校在建设过程中大力推行制度改革、标准设计、机制创新等，从而形成一系列理念模式和制度标准，形成中国特色职业教育发展模式。但实际中双高院校一定程度上存在"重建设、轻推广"的现象，关于经验模式提出的理论概念多、应用效益少，在校内、市域、省域和全国能否被借鉴、被复制难以检验，"引领示范、先试先行"的作用发挥难以彰显。需要进一步关注特色机制、模式的总结凝练，打磨典型案例，通过理论研究、资政服务、媒体宣传、会议论坛、培训指导等形式加强经验辐射推广，提升学校社会影响力和话语权。

第三节　"新双高"建设的未来展望

2024年5月15日，怀进鹏部长在教育部、内蒙古自治区部区会商会议上首次提出，"创新推进以'办学能力高水平、产教融合高质量'为导向的"新双高"建设"。"新双高"不仅是对原有"双高计划"的内涵升级，也是对未来职业教育发展方向的精准定位。"新双高"释放的信号不难理解，那就是在新时代必须要重塑职业教育发展新体制，构建适应、匹配经济社会高质量发展的职业教育良好生态。

一、理解"新双高"建设的时代背景

随着我国经济高质量发展，产业结构正在经历由中低端向中高端的转变，特别是高技术制造业和现代服务业的快速发展，成为推动产业结构升级的重要力量。面对新一轮科技

革命和产业变革带来的机遇与挑战，需要回答好中国式现代化大局中"教育何为"的时代命题。

党的二十大报告提出到2035年建成教育强国的目标，并对"加快建设教育强国、科技强国、人才强国"作出全面部署。教育强国内涵主要有三点：一是"自身强不强"，是指教育强国应有优质均衡的教育体系，这里的"优质"指的是高质量的服务全民终身学习教育体系。这里的"均衡"指的是保障每个人享有平等接受教育的机会。二是"贡献大不大"，是指教育强国要能有效发挥知识创新的助推器作用、人力资本的孵化器作用，为打造世界科学中心和世界人才中心提供人才和智力支撑；三是国际"认不认"，是指教育强国应有世界先进水平，富有竞争力、影响力和话语权是判断一国教育处于世界先进水平的重要依据。"新双高"建设的上层逻辑就是服务教育强国建设。作为推动职业教育高质量发展的"加速器"，"新双高"需要在深刻领悟教育强国的内涵基础上，落实职业教育改革的重点任务，深入推进职业教育体系改革，以创新突破回答职教何为。

在"新双高"正式提出前，2022年中共中央办公厅、国务院办公厅《关于深化现代职业教育体系建设改革的意见》已然传递出职业教育发展的主要方向：一是深化职业教育供给侧结构性改革，建立健全多形式衔接、多通道成长、可持续发展的梯度职业教育和培训体系，推动职普协调发展、相互融通，让不同禀赋和需要的学生能够多次选择、多样化成才。二是坚持以教促产、以产助教、产教融合、产学合作，延伸教育链、服务产业链、支撑供应链、打造人才链、提升价值链，推动形成同市场需求相适应、同产业结构相匹配的现代职业教育结构和区域布局。三是构建央地互动、区域联动，政府、行业、企业、学校协同的发展机制，鼓励支持省（自治区、直辖市）和重点行业结合自身特点和优势，在现代职业教育体系建设改革上先行先试、率先突破、示范引领，形成制度供给充分、条件保障有力、产教深度融合的良好生态。《关于深化现代职业教育体系建设改革的意见》的改革方向是"新双高"建设的价值追求，意见的战略任务也无疑将成为"新双高"建设的重点内容。特别是作为改革载体的"两翼"（市域产教联合体、行业产教融合共同体），能否做深做实将是检验双高院校"产教融合高质量"的重要标准。

二、把握"新双高"建设中的变与不变

"双高计划"本身就是一项改革，有很多地方需要大家去探索。近年来职业教育的改革步伐越来越大，有很多新政策、新要求、新事物，难免会打乱学校发展的节奏，我们要准

确把握"新双高"建设在承前启后中的变与不变，既要跟得上，还要走得稳。

基于重要会议、领导讲话等信息，"新双高"的变化体现在以下几个方面。

(一)目标定位的变化

"新双高"建设重心不再是职业院校自身办学条件的改善，而是以服务国家重大战略需求和区域经济社会发展需求为根本出发点。"需求导向"将作为核心理念贯穿"新双高"的遴选、建设和评价全过程，可以说"新双高"倡导的是一种大职业教育观，是在职业教育和社会发展之间搭建基础牢靠的桥梁，发挥起纽带联结作用，让高职院校跳出"自我完善"的职业教育圈，成为服务国家战略、支撑产业发展、助力大国外交的先行者和主力军。

(二)实施方式的变化

结合晋江会议吴岩副部长的讲话精神，"新双高"建设将采用地方、国家级联合体、共同体共同参与的联合遴选机制，其主要目的在于通过"新双高"来激发各级各类主体参与职业教育改革的积极性，强化主体责任，加大建设力度，提高建设实效。同时"新双高"将起底式重新设计标准体系，包含了社会需求匹配度、条件基础支撑度、建设措施目标达成度、政策机制保障度和成果成效贡献度五个关键维度，更加强调持续改进和动态优化。如社会需求匹配度更加强调的是动态适应、优化调整，引导高职院校建立起"调研需求、明确需求、适应需求"的长效机制。

(三)任务内容的变化

"新双高"的任务设计必然会更加重视对外部需求的全方位服务，"一体两翼""四链""五金""职教出海""教育数字化""职业教育101计划"等高频热词必然是"新双高"建设任务的核心指向。"办学能力高水平"意味着"新双高"建设要重新整合职业教育要素链，系统推进专业、课程、师资、实习实训、教材五大关键要素的建设改革，练好"内功"、提升质量。"产教融合高质量"意味着"新双高"建设要以全面深化产教融合作为主线，通过细化任务、创新举措推动产教联合体、产教融合共同体等实体化运行，打造开放型区域产教融合实践中心、共性技术服务平台、校企合作典型生产实践项目、具有国际影响的职业教育标准、资源和装备等，推动职业教育全面提升服务经济社会发展的能力。

在领会"新双高"的新变化的同时，我们也需要清醒地认识到不变之处，有助于我们坚定信心、找准方位、厘清思路。一是"舞龙头"的项目性质不变，作为"双高计划"的迭代升级版，其定位仍然是职业教育改革的牵引性工程，这意味着要在同类院校和专业群中内具有领先优势地位，在区域和全国范围内具有强大竞争力，才能够切实扛起服务需求、引领发展的旗帜，才可能入选新一轮建设。二是"引领改革、支撑发展"的质量内涵不变，这意味着面对职业教育改革发展的新任务、新瓶颈，"新双高"要承担起攻坚克难、清除顽疾的重任，入选单位要继续以创新驱动高质量发展，跳出旧框框，敢当探路者，落实到顶层设计中要体现引领性，要以高效的服务供给，彰显"支撑发展"的价值。三是人才培养的核心任务不变，"新双高"提出了新理念、新方向、新目标，始终是以人才培养作为实现途径，如何把人才培养厚植在产业发展里，吸纳企业深度参与人才培养全过程，如何为学生成长成才提供更加多元化、个性化的支持，如何创新培养模式、重构教学环节、增强培养目标的有效度，仍是"新双高"建设的核心要义。

三、探寻"新双高"建设中的"学校何为"

展望"新双高"建设，必将助推我国职业教育驶向高质量发展的快车道，必将成为实现教育强国战略目标的重要支撑。在"新双高"呼之欲出之际，高职院校应主动思考、积极谋划。

（一）要做好专业群建设需求分析，在大局中找准定位

"新双高"建设学校首先回答"服务什么"的问题，要以专业群为单位分析重大战略、重点产业、重点区域、重点领域的高技能人才需求，找准在制造强国等13个强国建设、新能源汽车等14条国家核心产业链、上海浦东新区等19个国家级新区、京津冀协同发展等12个国家区域战略中的战略位置。明晰所在省市万亿级、千亿级支柱产业、战略性新兴产业、传统优势产业的发展需求，加强产业端数据的挖掘，梳理行业人才供需信息清单、产业重点领域专业需求清单，从产业、区域、企业、岗位群、技术要求等不同层次形成专业群需求分析报告。同时要深入分析自身组群逻辑、建设基础、优势特色和未来规划，全面评估专业群在省内、国内的综合竞争力，进一步回答"为什么能服务"的问题。

（二）要以服务贡献为导向设任务、定目标，在全局中谋篇布局

在找准定位的基础上要科学设计"新双高"建设任务，回答好"如何服务"的问题。要走出"成果为王"的建设误区，将关注点从点上的标志性成果转移到面上的实际成效，围绕推动技能人才供给、产业升级、数字化、职教出海、创新发展等来设计建设任务，落实体系改革文件部署，着力深化"新双高"建设与市域产教联合体、行业产教融合共同体

建设的统筹联动，建立协同推进机制；着力加强专业、课程、教师、教材、实训基地等五要素的“小切口”建设，提升关键办学能力；着力创新工学结合、工学一体人才培养模式，促进学生全面发展和高质量就业；着力打造数智工匠学院、海外职业技术大学等国际化品牌项目，积极助力大国外交。特别是要注重“双高”绩效指标的设置，以点与面相结合、数量与质量相结合、共性与特色相结合、定量与定性相结合作为设计原则，敢于解难题、求创新，切实扛起“走在前、做示范”的双高建设责任使命。

（三）要努力塑造融合发展新形态，在新局中担当作为

面对“新双高”学校要避免“单兵作战”的建设模式，要着力加大与龙头企业特别是知名国企、本科高校、科研院所的合作力度，最大限度地凝聚多方联动的建设合力，最大限度地撬动更多优质资源提升建设质效。要在产教融合上做好文章，从信息对话、监管、传递和动力机制入手构建信息对称的产教融合生态，消解浅层次合作后的关系淡化，校企共建产业学院、企业学院、现场工程师学院，形成共享共治的制度性安排。要切实增强技术攻关、产品研发和成果转化能力，形成有组织、有目标的技术研发团队，加强自主创新，这将是建立校企深度利益捆绑、提升产教融合质量的重要支撑。

参考文献

[1] 姜大源.职业教育学研究新论[M].北京:教育科学出版社,2007.

[2] 石伟平,等.中国教育改革40年:职业教育[M].北京:科学出版社,2019.

[3] 刘立新,周凤华.新职业教育:培养面向未来的人才[M].北京:中国人民大学出版社, 2019.

[4] 周建松,陈正江."双高计划"文件资料选编[M].杭州:浙江工商大学出版社,2019.

[5] 曾天山,汤霓."双高"建设引领技能社会[M].北京:北京师范大学出版社,2021.

[6] 易俊,张进.高职院校"双高建设"思路逻辑研究[M].北京:清华大学出版社,2021.

[7] 石伟平.中国职业教育发展报告:2018—2019[M].上海:华东师范大学出版社,2021.

[8] 童世华,等."双高计划"背景下的专业群建设与评价机制研究:以信息安全技术应用专业 群为例[M].北京:中国水利水电出版社,2021.

[9] 中国教育科学研究院,全国职业高等院校校长联席会议.2021中国职业教育质量年度报告 [M].北京:高等教育出版社,2021.

[10] 刘晓."中国特色高水平高职学校和专业建设计划"中期建设报告[M].北京:高等教育出 版社,2023.

[11] 江湃,张劲,杨栗晶.双高计划专业群建设理论与实务[M].北京:电子工业出版社,2023.

[12] 聂强.专业群引领下的"双高计划"学校建设策略[J].教育与职业,2019(13):16-20.

[13] 丁锦箫,龚小勇."双高计划"引领高职专业群建设:基于结构功能主义的视角[J].中国职 业技术教育,2019(35):24-30.

[14] 陈子季.以大改革促进大发展 推动职业教育全面振兴[J].中国职业技术教育,2020(1):

5-11.

［15］陈子季.优化类型定位 加快构建现代职业教育体系[J].中国职业技术教育,2021(12):
　　5-11.

［16］谢俐.中国共产党领导下的继续教育改革发展百年探索与经验启示[J].中国职业技术教
　　育,2021(16):5-10.

［17］林宇.21世纪以来高等职业教育发展的回顾与思考[J].中国职业技术教育,2022(15):
　　5-12.

［18］任占营.以多破唯:构建职业教育评价新格局的路径探析[J].高等工程教育研究,2022
　　(1):11-16.

［19］任占营.科学把握"双高计划"中期绩效评价内涵[J].武汉职业技术学院学报,2022,21
　　(3):5-6.

［20］马欣悦,李丹晴.高等职业教育对产业发展的贡献如何?:以江苏省高等职业教育对产业
　　发展的贡献度为例[J].中国职业技术教育,2022(22):29-37.

［21］王安安.中国特色高水平高职学校助力区域产业发展的成效与推进策略:基于长三角41
　　所学校校企合作中期建设进展的分析[J].中国职业技术教育,2022(23):28-34.

［22］郑雁.中国特色高水平高职学校贡献度分析:特点表征与发展思考:基于56所高水平高
　　职学校中期绩效自评报告的文本分析[J].中国职业技术教育,2022(23):5-12.

［23］雍莉莉."双高计划"背景下高职院校高质量创新人才培养探究[J].教育与职业,2022
　　(3):48-53.

［24］聂强,聂蕊.园区模式:职业教育产教融合的新路径[J].中国高教研究,2023(7):
　　103-108.